MODERN
WITCH
TAROT COLORING BOOK
• LISA STERLE •

KÖNIGSFURT
URANIA

Bibliographische Information der Deutschen Nationalbibliothek

Die Deutsche Nationalbibliothek verzeichnet diese Publikation in der Deutschen Nationalbibliographie; detaillierte bibliographische Daten sind im Internet über http://dnb.d-nb.de abrufbar.

Deutsche Erstausgabe
© 2022 für die deutsche Textfassung by
Königsfurt-Urania Verlag GmbH

Königsfurt-Urania Verlag GmbH, Ringstr. 32, 24103 Kiel
www.koenigsfurt-urania.com
Übersetzung: Kirsten Buchholzer
Projektleitung und Lektorat: Jennifer Lorenzen-Peth
Satz und Layout: Stefan Hose, Götheby-Holm
Druck und Bindung: Finidr s.r.o., Tschechische Republik
Printed in EU

ISBN 978-3-86826-571-2

VORWORT

Als ich mit der Arbeit am *Modern Witch Tarot* begann, habe ich mir über die Farbgebung am meisten Gedanken gemacht. Durch meinen Design-Stil zog es mich immer zu hellen, gesättigten und plakativen Pop-Art-Farben und ich wusste, dass ich diese Energie ins Deck bringen wollte. Doch dann wurde ich mit etwas konfrontiert, womit ich nicht gerechnet hatte: Wie konnte ich 78 verschiedene Farbkombinationen zusammenstellen, die alle zusammen harmonieren und sich zu einem schönen Gesamtkunstwerk vereinen?

Meine Antwort darauf war, mit den Karten zu beginnen, die ich als die schwierigsten empfand: die Großen Arkana. Jede Karte der Großen Arkana sollte individuell und kraftvoll für sich alleine stehen und die in jeder Karte enthaltenen Geschichten und Symbole sollten durch einen Blick auf die Farbgebung verdeutlicht werden. Es mussten auf jeden Fall sehr anspruchsvolle Farbkombinationen her, um die Bedeutung jeder einzelnen Karte zu unterstreichen, wenn sie in einem Reading auftaucht. Ich begann mit den ersten beiden der Großen Arkana: mit der Närrin und der Magierin. Durch die Beschäftigung mit ihren Farbwelten verstand ich, wie ich das Deck als Ganzes gestalten konnte.

Manchmal ist es schwer zu beschreiben, wie eine Farbauswahl zustande kommt, da sie oft das Ergebnis von Intuition, persönlicher Vorliebe und der Auswahl von Farben ist, zu denen du dich bereits hingezogen fühlst und die du liebst.

Durch die beiden genannten Karten habe ich meine Liebe zu einem bestimmten Rot-Ton wiederentdeckt, der seit meiner Studienzeit immer wieder in meinen Arbeiten auftauchte. Ein knackiges, kräftiges Rot. Als ich noch mit Ölfarbe gemalt habe, war es ein helles Kadmiumrot. Diese Farbe hat mich schon immer angesprochen – ob in ihrer reinsten Form oder zu einem weicheren Farbton aufgehellt. Sie ist dramatisch. Sie ist mächtig. Sie verkörpert hitzige Gefühle. Und es ist eine Farbe, die dich sofort in ihren Bann zieht. Es mag einfach klingen, aber diese eine Farbe war der rote Faden, der mich durch die Großen Arkana führte und die Grundlage für alle anderen Farbkombinationen bildete.

Von da an war es ehrlich gesagt relativ einfach. Dreiklänge! Kräftiges Rot, goldenes Gelb und minziges Grün bildeten den Ausgangspunkt für jede Karte. Sie sind ähnlich der Primärfarben, nur nicht ganz rot, gelb und blau, aber beinahe. Diese Farben harmonieren gut miteinander und haben den zusätzlichen Vorteil, dass sie sich ebenso leicht für die Farben des Himmels wie für die von Kleidung oder Landschaften einsetzen lassen – für was auch immer ich sie brauchte.

Nachdem ich einmal meine Grundfarben für die Großen Arkana ausgewählt hatte, war es an der Zeit, der Farbgebung der einzelnen Karten individueller zu gestalten. Das war der kniffligere Teil, denn nun war JEDE Farbe möglich, und doch auch wieder nicht, da die Farben stets zur Grundpalette passen und gleichzeitig das Thema der jeweiligen Karte verkörpern mussten. Farbtheorie kann durchaus kompliziert sein. Es muss viel ausprobiert werden, um genau den richtigen Farbton zu finden. Dabei wurde mir klar, dass ich anfangen musste, Grenzen und Regeln für die von mir gewählten Farben festzulegen. Wenn alles möglich ist, kann sich Kreativität manchmal überwältigend anfühlen. Wenn ich ihr Grenzen setze, fällt es mir oftmals leichter, kreativ zu sein. Ich kann keine Grenzen sprengen, wenn da keine sind, ya know?

Ich begann mit der einfachsten Einschränkung: mit dem Verzicht auf bestimmte Farben. Wenn du durch das Deck blätterst, wirst du feststellen, dass es einen bewussten Mangel an reinen Blautönen gibt (mit der Hohepriesterin als einziger Ausnahme). Jede Stelle, an der ein dunkles oder mittleres Primärblau möglich gewesen wäre, habe ich es in einen grüneren Farbton umgewandelt: Türkisgrün, Mint, dunkle Grüntöne und Marineblau füllten statt Blau den Raum. Da ich eine Farbe aus dem Farbspektrum entfernt hatte, gab es nun weniger Kombinationsmöglichkeiten, mit denen ich arbeiten konnte. So wurde es einfacher, verschiedene Farbschemata zu erstellen, die gut zusammenpassten. Durch diese simple Änderung ergab sich alles andere in der Großen Arkana ganz natürlich wie von selbst.

Nachdem die Karten der Großen Arkana vollendet waren, musste ich mich um die Kleine Arkana kümmern. Also beschloss ich erneut, einige Regeln und Einschränkungen festzulegen. Eine Sache, die ich mit diesem Deck anders als gewöhnlich machen wollte, war, es zu versuchen, jeder der Farbreihen der Kleinen Arkana Individualität zu verleihen. Die Farben sollten als Erstes zu dir sprechen, wenn du die Karten auslegst. Vielleicht kannst du sogar einige Informationen in deinen Readings alleine durch die Farben erahnen, bevor du tiefer in die Interpretation eintauchst.

Mit diesem Ziel vor Augen entwarf ich für jede Farbreihe der Kleinen Arkana eine eigene Farbpalette. Die wässrigen Kelche bestehen aus bläulichen und türkisen Tönen mit einem Hauch von Pink. Die feurigen Stäbe sind gelb, golden und rot. Die erdigen Münzen sind in Grün- und Brauntönen gehalten. Auf den luftigen Schwerter-Karten dominiert Grau, Hellblau und Pink. Angenommen, du machst ein Reading, bei dem sich alles um die Kelche dreht: Durch all die unterschiedlichen Farbwelten genügt ein erster Blick auf die Karten. Die Farben tauchen auf und sprechen zu dir.

Im Großen und Ganzen war es mir bei der Farbgebung und dem Design des Modern Witch Tarot wichtig, mutig zu sein. Die Leuchtkraft des ursprünglichen Waite-Smith-Decks hatte es mir schon immer angetan, und ich hoffte, eine ebenso starke Farbsprache entwickeln zu können. Pop-Art war stets eine Inspiration für mich. Also habe ich nach einer fröhlichen Farbpalette gesucht: hell, wenn es sich gut anfühlte, oder wo immer notwendig, auch dunkel und nachdenklich. Ich hoffte, durch die Kombination aus leuchtenden Farben, moderner Symbolik und der Persönlichkeit der Figuren dieses Decks ein modernes Publikum von *Modern Witches* und Tarotreader*innen anzusprechen. Und ich hoffe, dass dieses Coloring-Book dich noch tiefer in Tarot eintauchen lässt!

Lisa Sterle

EINFÜHRUNG

Tarot ist ein weites Feld. Ein Universum an Weisheit ist in diesen 78 Karten enthalten. Sie weben Geschichten, die so komplex und vielfältig sind wie das Leben selbst. Und das kann ziemlich entmutigend sein, besonders wenn du gerade erst mit dem Kartendeuten begonnen hast. Bei dem riesigen Angebot an Tarotliteratur ist es schwierig zu wissen, wo du anfangen sollst. Aber der beste Weg, Tarot zu lernen, ist, sich mit ihm zu beschäftigen.

Dieses Coloring Book ist ein Arbeitsbuch, damit du dir deine eigenen Gedanken zum Tarot machen kannst. Während du dir deinen Weg durch das Deck bahnst, tauchst du in die Geschichte ein, die in jeder Karte steckt. Die Symbole werden dir Geheimnisse enthüllen und du wirst verstehen, wie jede Karte mit den anderen in einem wunderschönen Kaleidoskop von Bedeutungen zusammenhängt. Es ist so: Tarot hat wirklich alle Antworten auf deine Fragen – aber nur, wenn du seine Sprache verstehst.

Und wenn du diese Sprache einmal erlernt hast, wird dir ein Universum der größeren Weisheit enthüllt …

Also – hast du jemals ratlos die Karten betrachtet, unsicher, was sie dir sagen wollen? Oder möchtest du tiefer in Tarot eintauchen, nachdem du die Karten bereits jahrelang interpretierst?

Willkommen!
Dieses Buch ist
für dich!

WIE DU DAS BUCH AM BESTEN NUTZT

Das Buch ist als wesentlicher Bestandteil deiner Tarotpraxis gedacht. Es enthält Schwarz-Weiß-Abbildungen sämtlicher Karten des Modern Witch Tarot. Dabei konzentriert es sich jedoch besonders auf die Große Arkana, um dich durch die Reise der Närrin zu führen. Für jede Karte der Großen Arkana findest du:

✧ eine Schwarz-Weiß-Zeichnung **der Karte** zum Ausmalen,

✧ eine Erklärung der **Symbole,** die auf der Karte abgebildet sind,

✧ vier Fragen, die dir beim **Nachdenken** darüber helfen sollen, was die Karte für dich bedeutet,

✧ ein wunderschönes **Mandala,** das von der Karte inspiriert wurde und das du ausmalen kannst.

Die Karten wurden für das Coloring Book bearbeitet und weichen daher manchmal von den Bildern des Originaldecks ab. Wenn du die Symbole betrachtest, achte auf das, was hinzugefügt wurde. Wie wirkt sich das auf die Bedeutung der Karte aus?

Für jede Karte wird ein Farbcode angegeben, damit du sehen kannst, welche Farben ich verwendet habe. Auf den hinteren Seiten des Buchs findest du Farbpaletten, die den Namen jeder Farbe (wie er im Farbcode steht) mit dem genauen Farbton verbinden. Du kannst dieselben Farben verwenden oder auch neue Farben ausprobieren!

Einige Farben haben eine spirituelle Bedeutung, zum Beispiel:

✧ **Rot** – Leidenschaft, Tatkraft, Macht

✧ **Lila** – Magie, Wahrheit, Göttlichkeit

✧ **Gelb** – Licht, Energie, Wärme

✧ **Blau** – Emotion, Unterbewusstsein, Flow

✧ **Grün** – Wachstum, Fülle, Natur

✧ **Braun** – Erdung, Verbundenheit

✧ **Weiß** – Reinheit, Tugend, Unschuld

✧ **Schwarz** – Tiefe, Andersartigkeit, dunkle Emotionen

✧ **Grau** – Verschmelzung, Kompromiss, jenseits der Dualität

Aber denke daran, dass auch die Farbtöne wichtig sind – achte auf Karten mit warmen oder kühlen Farbtönen. Wie wirkt sich das auf ihre Bedeutung aus?

Im gesamten Buch findest du verstreute Tarot-Tipps, die dir einen tieferen Einblick in die Karten bieten. Sie reichen von Verweisen auf die Popkultur über die Erklärung der Bedeutung einer Farbe bis hin zu Hinweisen auf die Themen des Modern Witch Tarot.

Achte auch auf die Karten-Kombinationen! Wenn ich sage, dass Tarot eine Geschichte erzählt, dann übertreibe ich wirklich nicht. Jede Karte nimmt einen Erzählfaden auf und spinnt ihn weiter – was bedeutet, dass die Karten eine noch größere Geschichte erzählen, wenn du erkennst, wie sie sich alle aufeinander beziehen und miteinander verbunden sind.

Aber natürlich geht es nicht nur um die Karten. Es geht auch um deine Erfahrung als Reader*in. Deshalb gibt es für jede der Großen Arkana einen Abschnitt, der „Deine Gedanken" heißt. Hier findest du vier Fragen, die dir helfen sollen, darüber zu reflektieren, wie die Themen der einzelnen Karten in dein eigenes Leben passen.

Schließlich erzählt dir Tarot eine Geschichte über dich selbst, deinen Platz im Universum und die Menschen um dich herum. Bevor du beginnst, solltest du dir jede Karte genau ansehen. Wie fühlst du dich dabei? Erinnert sie dich an eine Person oder einen Moment? Welche Karten sprechen dich am meisten an? Haben sie ein gemeinsames Thema?

Abschließend: Dieses Buch ist ein Geschenk für dich, ein Moment der persönlichen Reflexion und Entwicklung. Es ist eine Gelegenheit, mehr über Tarot zu erfahren – und dabei auch über dich selbst. Nimm dir also eine Auszeit, zünde ein paar Kerzen an, koche dir eine Tasse deines Lieblingstees …

Dies ist deine Chance, das Universum zu erkunden.
Also: Let's jump in!

0. DIE NÄRRIN

Die Närrin bildet das Eingangstor zu der Großen Arkana. Sie fängt auf dieser Reise, die wir Leben nennen, bei 0 an. Soll sie, während sie sich auf den Weg macht, den Sprung wagen oder auf dem sicheren Boden bleiben?

SYMBOLE

Jedes Symbol wird im Tarot aus einem bestimmten Grund abgebildet. Also lass sie uns entschlüsseln!

SONNE

Es ist ein großartiger Tag! Die Sonne – wichtigste Quelle von Licht, Wärme und Leben – scheint auf die Närrin herab, die ihre ersten Schritte hinaus in die Welt macht.

JUGEND

Die jugendliche Naivität der Närrin, die ihre Reise gerade antritt, steht ihren eigenen Hoffnungen entgegen. Dennoch ist sie auch selbstsicher, begierig, gegen die Norm zu rebellieren und ihr Leben nach eigenen Regeln zu leben.

BLUMENKRONE

Warum schmücken wir uns mit Blumenkränzen? Sie sind schön und festlich und sie repräsentieren eine Weiblichkeit jenseits von typischen Geschlechterrollen. Blumenkränze erinnern an Märchen und verbinden uns mit unserer verspielten Seite.

BLAUES HAAR

Die Närrin hat ihre persönliche Definition von Schönheit. Sie weigert sich, sich den gesellschaftlichen Normen anzupassen und strebt nach Selbstausdruck. Blaues Haar? Warum nicht!

IPOD UND KOPFHÖRER

Der iPod der Närrin bildet den Soundtrack

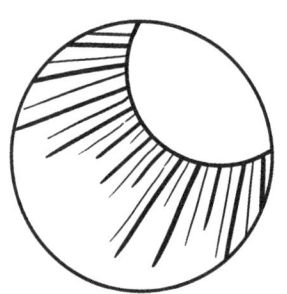

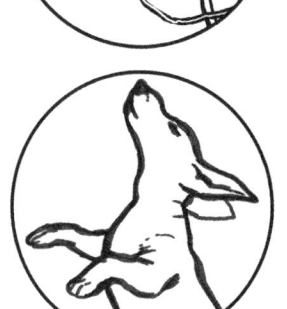

ihrer Reise und verbindet sie mit der Popkultur. Doch Vorsicht: Mit Kopfhörern in den Ohren und nach oben gerichteten Augen ist sie vielleicht zu abgelenkt, um zu merken, dass sie auf einer Klippe tanzt ...

WESTWÄRTS

Die Närrin ist auf dem Weg nach Westen, eine Richtung, die mit neuen Grenzen und dem Unbekannten verbunden ist.

HUND

Der treue Begleiter der Närrin erinnert an das Zusammenspiel von Mensch und Natur. Mitgerissen von der unbändigen Energie der Närrin tanzt der Hund an ihrer Seite.

STADTSILHOUETTE

In der Ferne sehen wir eine Stadt voller Menschen, Möglichkeiten und Problemen. Die Närrin ist dieser Stadt entkommen, um zurück zur Natur zu finden. Wird ihr Weg sie zurück in die Stadt oder auf neue Felder führen?

KLIPPE

Die Klippe ist steil – und der Weg nach unten lang. Abenteuerlustig, doch abgelenkt, erkennt die Närrin nicht das direkt vor ihr liegende Risiko. Aber ist das Leben nicht sowieso voller Klippen? Wir müssen stets abschätzen, ob wir den Sprung wagen sollen ...

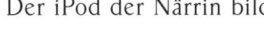

WAS DAS BEDEUTET

Wir können alle Symbole zusammenfassen, um die Bedeutung einer Karte zu erkennen. Wer also ist die Närrin? Sie ist sehr lebendig (Sonne, Hund), steht gerade am Anfang (Jugend) und ist dennoch rebellisch und selbstbewusst (blaues Haar, Blumenkrone). Auf dem Weg vom Vertrauten (Stadtsilhouette) ins Unbekannte (Westen) bleibt sie ein Teil des jugendlichen Lifestyles (iPod), lässt sich aber ablenken (Kopfhörer). Für ihre Reise muss sie ihren Blick nach vorne richten oder sie fällt in die Tiefe (Klippe). Lasse dich von ihrem Spirit mitreißen – und wage den Sprung!

TAROT-TIPP

Die Närrin trägt Mohnblumen in ihrer Blumenkrone. Im „Zauberer von Oz" werden Dorothy und ihr bunter Trupp auf ihrer Reise von einem Feld verhexter Mohnblumen aufgehalten, die sie einschläfern. Als Symbol warnen dich die Mohnblumen: Schlaf jetzt nicht ein! Du startest gerade dein ganz eigenes Abenteuer.

FARBCODE

Blassgelb, Hellgrün, Rot, Cyan, Creme und Braun

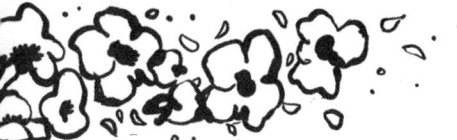

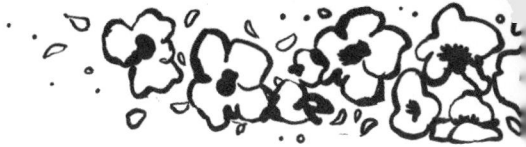

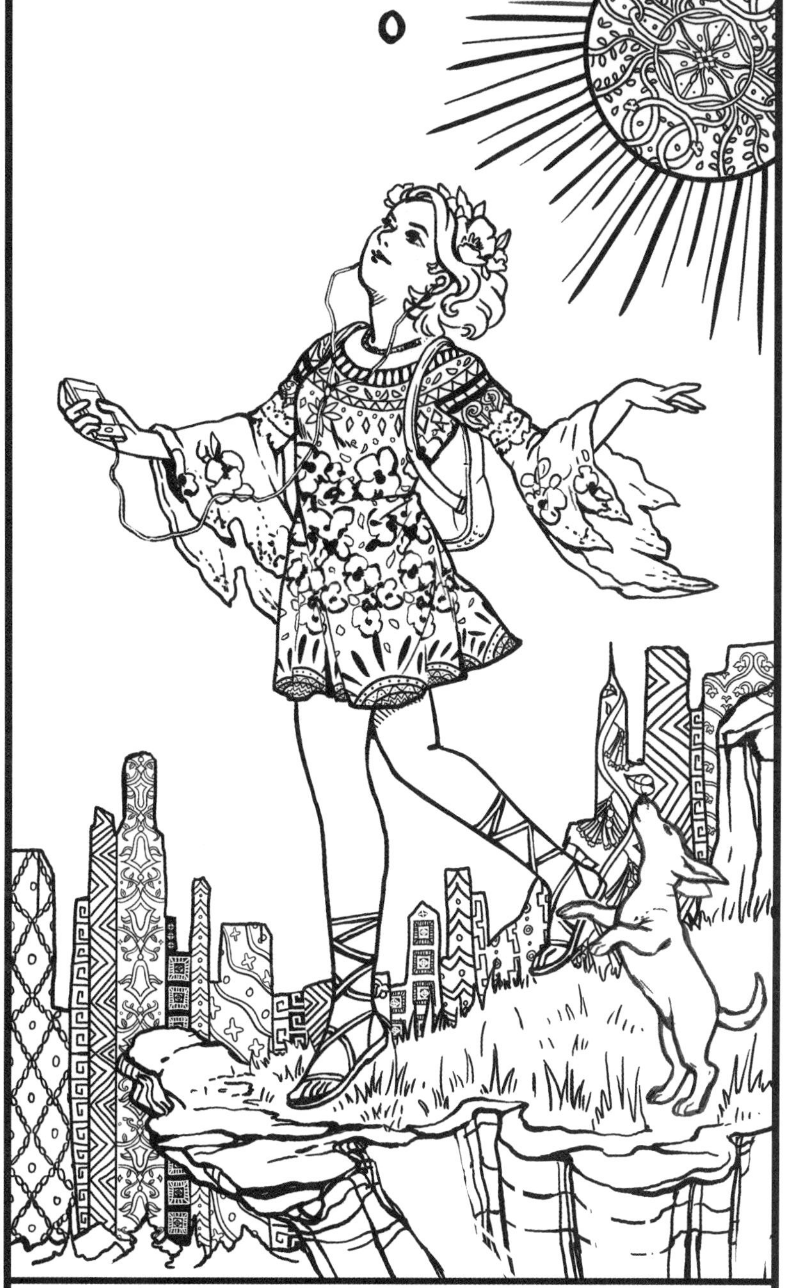

DIE NÄRRIN

DEINE GEDANKEN

Ready, jung, entschlossen und frei – die Närrin hat den Spirit des gerade beginnenden Abenteuers. Denke beim Ausmalen über deine Empfindungen nach. Und darüber, was die Karte für dich bedeutet. Denke an die Zeit zurück, als du das Gefühl hattest, die ganze Welt läge vor dir, und lass diese Fragen in dir arbeiten ...

WAS ZIEHT DICH VORWÄRTS?

....

....

....

....

WAS WOLLTEST DU ALS KIND WERDEN?

....

....

....

WELCHE LEBENSZIELE WILLST DU NOCH ERREICHEN?

....

....

....

NIMM DIE KOPFHÖRER AB: WAS LENKT DICH DAVON AB, DEINE ZIELE ZU UMZUSETZEN?

....

....

....

I. DIE MAGIERIN

*Als absolute Verkörperung des Manifestierens ist die Magierin
mit der Zahl I, dem wahren Beginn der Großen Arkana,
verbunden. Sie ist die Quelle der Kreativität. Der Kraftort, den
sie einnimmt, wurde ihr als Person of Colour in früheren Zeiten
verwehrt. Sie ist bereit, ihn zu ihrem eigenen zu machen.*

SYMBOLE

Von Magie umgeben, vollendet die Magierin einen kosmischen Kreis der Kreativität …

LAUBE
Blumen schmücken die Decke. Sie stehen für die Weisheit, die du durch die Natur gewinnen kannst. Das Leben, das um dich herum wächst, ist von Magie durchdrungen. Also nutze sie!

ZAUBERSTAB
Der Zauberstab der Magierin ist ihr Tool der Manifestation. Sie streckt ihn dem Himmel entgegen, kanalisiert so die kosmische Kraft und nimmt durch die Blumen Kontakt mit der Natur auf.

LINKE HAND
Die linke Hand der Magierin deutet nach unten und führt die mit dem Zauberstab gesammelte Kraft in die Erde. Dies ist ein geschlossener Kreislauf: Die aufgenommene Energie muss wieder zurückgegeben werden. Durch diese Geste erdet sich die Magierin. Sie steht völlig im Einklang mit Himmel und Erde.

UNENDLICHKEITSSYMBOL
Über dem Kopf der Magierin schwebt eine horizontale 8, ein Symbol der Unendlichkeit. Verbunden mit der Kraftquelle des Lebens, ist die Kreativität der Magierin schier grenzenlos …

KRISTALLFELSEN
Im Gegensatz zum Magier des Waite-Smith-Decks, dessen Werkzeuge auf einem von Menschenhand gefertigten Tisch ruhen, ist diese Magierin vollständig in ihre natürliche Umgebung eingebettet. Die sie umgebenden Felsen sind aus Kristall. Sie wirken jenseitig und verstärken die magische Umgebung der Magierin.

WERKZEUGE
Schau dir an, was auf den Felsen liegt … es sind die Symbole der Kleinen Arkana! Der Stab, der Kelch, die Münze und das Schwert repräsentieren die vier Elemente (und andere Dinge: siehe die Einführungen zu den einzelnen Reihen!) Die Magierin muss jeden Aspekt des Lebens ausbalancieren, um eine komplette kreative Manifestation zu erreichen. Es liegt alles vor ihr – sie muss es nur anwenden.

JUGEND
Viele Menschen stellen sich Zauberer als verhärmte alte Männer mit langen weißen Bärten vor. Doch die Magierin ist jung. Ihre Kraft kommt aus ihrem Potenzial, aus ihrer jugendlichen Unerschrockenheit. Doch steht sie erst am Anfang.

WAS DAS BEDEUTET

Die Magierin steht in Verbindung mit dem kosmischen Spirit (Zauberstab) und bedient sich der Magie der Welt um sie herum (Laube, Kristallfelsen), um kreative Energie in allen Lebensbereichen zu verwirklichen (Werkzeuge). Indem sie diese Energie erdet (linke Hand), schließt die Magierin den Kreis. Sie ist bereit, immer und immer wieder neu zu beginnen (Jugend). Sie durchbricht Grenzen, nimmt einen Raum ein, der ihr bisher verwehrt war, und beweist, dass wahre Kreativität nicht unterdrückt werden kann.

FARBCODE
Gold, Purpur, Magenta, Weiß, Pink, Grau,
Schwarz und ein tiefes Violett.

DIE MAGIERIN

DEINE GEDANKEN

Die Magierin ist eine der spannendsten Karten im Deck, da sie so viel von dem verkörpert, worum es im Tarot geht. Bist du gerade dabei, deine Kreativität zu entdecken? Oder ist sie im Lebensalltag auf der Strecke geblieben? Erinnere dich daran, wie es sich anfühlt, voller Energie und Potenzial zu brennen.

WAS ERSCHAFFST DU GERNE?

....
....
....

WAS WILLST DU IN DEINEM LEBEN MANIFESTIEREN?

....
....
....

IST DA ETWAS, FÜR DAS DU BRENNST UND DAS DU VERNACHLÄSSIGT HAST?

....
....
....

AUS WELCHEM LEBENSBEREICH ZIEHST DU DEINE KREATIVITÄT?

....
....
....

TAROT TIPP:
Der Zauberstab erscheint dreimal in der Großen Arkana. Achte auf andere Karten, die Zauberstäbe zeigen – was bedeuten sie jeweils, wenn sie auftauchen?

II. DIE HOHEPRIESTERIN

Die Hohepriesterin, Hüterin der Geheimnisse und Bewacherin der Schwellen, wartet auf deine Fragen. Sie gibt vielleicht nicht die Antworten, die du dir wünschst, aber antworten wird sie dir. Bist du bereit? Die Hohepriesterin empfängt dich nun.

SYMBOLE

Es gibt noch weitere Geheimnisse zu lüften ...

SÄULEN

Schwarz und Weiß, Nacht und Tag, Strenge und Güte. Diese Säulen stehen für Dualität. An der Spitze sind Lotusblumen eingemeißelt, ein Symbol des Lebens, das in Licht und Dunkelheit gedeiht. Um voranzukommen, musst du beide Seiten der Medaille akzeptieren. Die Hohepriesterin weiß das und bringt beide Seiten in Balance.

SCHLEIER

In der spirituellen Welt stehen Schleier oft für die Grenze zwischen Leben und Tod, aber im Tarot können sie auch die Grenze zwischen Bewusstsein und dem Unbewussten darstellen. Dieser Schleier ist mit Granatäpfeln verziert – die Frucht, die Persephone in der griechischen Mythologie in der Unterwelt zu sich nahm. Was bedeutet es, eine Schwelle zu übertreten? Kann man zwei Wege beschreiten, wie Persephone es tat?

KOPFSCHMUCK

Die edle Hohepriesterin ist mit einem Kopfschmuck aus einem Vollmond und zwei Halbmonden gekrönt. Sie hat gelernt, dass manches Wissen nur durch Träume zu uns kommt, und sie hat sich den Mond als Symbol des göttlichen Unbewussten zu eigen gemacht.

LAPTOP

Heutzutage steht dir durch das Internet das gesamte Wissen der Menschheit stets zur Verfügung. Über ihren Laptop ist die Hohepriesterin mit dieser modernen Quelle des Wissens verbunden. Ihr persönliches Archiv ist hier gespeichert. Und wenn nötig, kann sie die Informationen, die sie braucht, im Handumdrehen abrufen.

MOND

Eine goldene Mondsichel liegt zu den Füßen der Hohepriesterin. Ein Stilettoabsatz ruht leicht auf ihm. Genau wie ihr Kopfschmuck steht auch dieser Mond für Wissen, das aus dem Unterbewusstsein dringt. Er steht aber auch für das göttliche Weibliche, für Emotionen und den nie endenden Kreislauf von Abschlüssen und Neuanfängen. Dies ist die Quelle der Macht und des Wissens der Hohepriesterin.

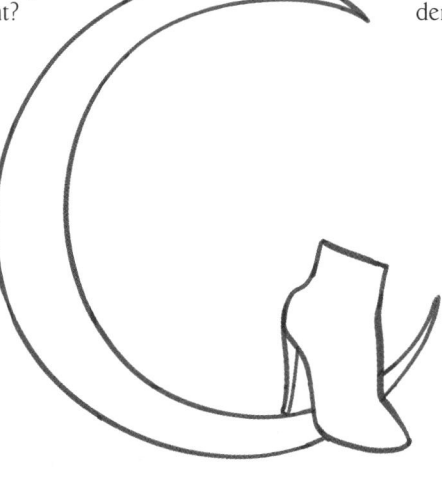

OUTFIT

Im Gegensatz zu ihrem weiß gekleideten Gegenstück im Waite-Smith-Tarot trägt diese Hohepriesterin ein indigoblaues Kleid und schwarze Stilettos. Sie wirkt professionell, selbstverwirklicht und ein wenig einschüchternd. Sie weiß, was sie will, und hat sich im Griff.

TAROT TIPP:

In unserem Informationszeitalter gehen wir leicht davon aus, dass wir alles über das Internet erfahren können. Aber da gibt es noch so viel Weisheit, die nur anders erlernt werden kann. Die Hohepriesterin balanciert beide Formen des Wissens aus und erinnert dich daran, aus allen Quellen zu schöpfen.

KORRESPONDENZEN

Die Magierin, Die Hierophantin, Gerechtigkeit

WAS DAS BEDEUTET

Im Gegensatz zur jungfräulichen Hohepriesterin des Waite-Smith-Decks hat sich diese Hohepriesterin der Welt und all ihren Möglichkeiten geöffnet (Säulen). Dank dessen, was sie gelernt hat, kann die Hohepriesterin über die bewusste Welt hinaus in die Anderswelt blicken (Schleier, Mond, Kopfschmuck). Geschäftsmäßig und selbstverwirklicht (Outfit), weiß diese Priesterin, was sie vom Leben will und wie sie es erreichen kann. Ihr Wissensschatz (Laptop) ist nicht passiv, sondern aktiv – er ist ihre Verbindung zur Welt und das Werkzeug, mit dem sie ihre besondere Magie ausübt.

FARBCODE
Schwarz, Marineblau, Grau, Weiß, Pink,
Hellblau, Gelb, Braun und Indigo.

DIE HOHEPRIESTERIN

DEINE GEDANKEN

Wenn du deine Reise ins Unbekannte antrittst, kann die Hohepriesterin dir Weisheit bringen und den Schleier lüften. Sie ist bereit, dich zu führen, aber den Pfad musst du selbst beschreiten.

WENN DU NUR EINE SACHE WISSEN KÖNNTEST, WELCHE WÄRE DAS?

....

....

....

WAS IST FÜR DICH WICHTIGER: WISSEN ODER HANDELN?

....

....

....

STEHST DU VOR EINER PERSÖNLICHEN SCHWELLE?

....

....

....

WAS WÜRDEST DU HINTER DEM SCHLEIER DER HOHEPRIESTERIN FINDEN?

....

....

....

III. DIE HERRSCHERIN

Als Königin all dessen, was sie umgibt, regiert die Herrscherin über das üppige Leben, das bis zum Rand mit Liebe gefüllt ist. Die majestätische und doch freundliche Herrscherin ist sich ihrer Macht, ihres Wertes und ihrer selbst bewusst. Die wahrhaftigste Liebe ist die Selbstliebe.

SYMBOLE

Das Reich der Herrscherin ist voller Bedeutung und Tiefe ...

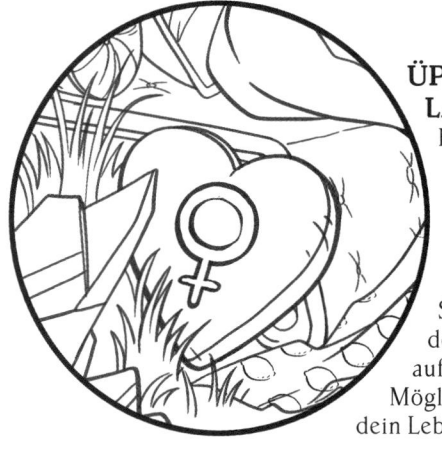

ÜPPIGE LANDSCHAFT

Die Herrscherin ist von einer üppigen Landschaft voll Pflanzen und Wasser umgeben. Ihr Umfeld symbolisiert die Reichhaltigkeit des Lebens selbst. Sie herrscht über ein Reich des Überflusses. Wenn sie auftaucht, hast auch du die Möglichkeit, diesen Reichtum in dein Leben zu ziehen.

KRISTALLFELSEN

Wie die Magierin ist auch die Herrscherin von Kristallfelsen umgeben. Die zerklüfteten, eisblauen Kristalle tragen eine besondere Magie in sich. Gleichzeitig sind sie ein Omen: Das Leben ist manchmal hart, aber selbst die schwierigsten Momente können schön sein.

FLUSS

Der Fluss, der den Strom des Bewusstseins symbolisiert, fließt durch das Land der Herrscherin. Dabei geht der Wasserfall in ihren fließenden Rock über. Sie ist Teil des Universums und das Universum ist ein Teil von ihr.

NATÜRLICHES HAAR

Die Herrscherin lässt sich nicht unterdrücken und trägt ihr Haar ganz natürlich. Ungeglättet und ungebunden, bildet es einen Heiligenschein um ihren Kopf. Seit den 1960er Jahren tragen People of Colour-Künstler*innen und -Aktivist*innen diese Frisur, um sich den aufgezwungenen eurozentrischen Schönheitsnormen zu widersetzen. Die Herrscherin weiß: Schwarz ist schön.

KRONE & SCHMUCK

Als königliche Majestät verdient die Herrscherin eine Krone – und welche Krone wäre da besser geeignet als die, die Beyoncé bei den Grammys 2017 trug? Auch die Ohrringe und die Halskette der Herrscherin sind von „Queen Bs" Beyoncé Grammys-Look inspiriert. Hoch lebe die Herrscherin!

ZITRONEN

Der Rock der Herrscherin ist mit Zitronen verziert, eine Anspielung auf Beyoncés bahnbrechendes Album „Lemonade", in dem sie ihre Wut und ihren Kummer über die Geschichte der People of Colour thematisiert. Selbst wenn du traumatisiert bist, kannst du aus der Community Kraft schöpfen und dank hart erkämpfter Lebensweisheit deine Ziele erreichen.

HERZKISSEN

Unterhalb des Throns der Herrscherin ruht ein Kissen, das mit dem astrologischen Symbol der Venus verziert ist. Die Göttin der Liebe und der Leidenschaft verkörpert das göttliche Weibliche.

WAS DAS BEDEUTET

Die Herrscherin ist das Herz allen grünen Lebens (üppige Landschaft) und vereint sich mit dem Bewusstseinsstrom, der das Universum empowert (Fluss). Wie herausfordernd die Dinge auch scheinen mögen (Kristallfelsen), Selbstliebe verleiht dir Kraft. Die Herrscherin mag eine Königin sein, aber sie ist auch Teil einer Bewegung (natürliches Haar). Die Herrscherin hat sich aus Zwängen befreit und sich ermächtigt (Krone & Schmuck, Zitronen). Sie blickt dich unbeirrt an und ermutigt dich dazu, es ihr gleich zu tun.

KORRESPONDENZEN
Der Herrscher
Die Magierin
Kraft

FARBCODE

Gebranntes Rot, gebranntes Orange, Gold, Eisblau, Hellgrün, Azurblau, Blaugrün, Lachs, Weiß, Schwarz, Braun.

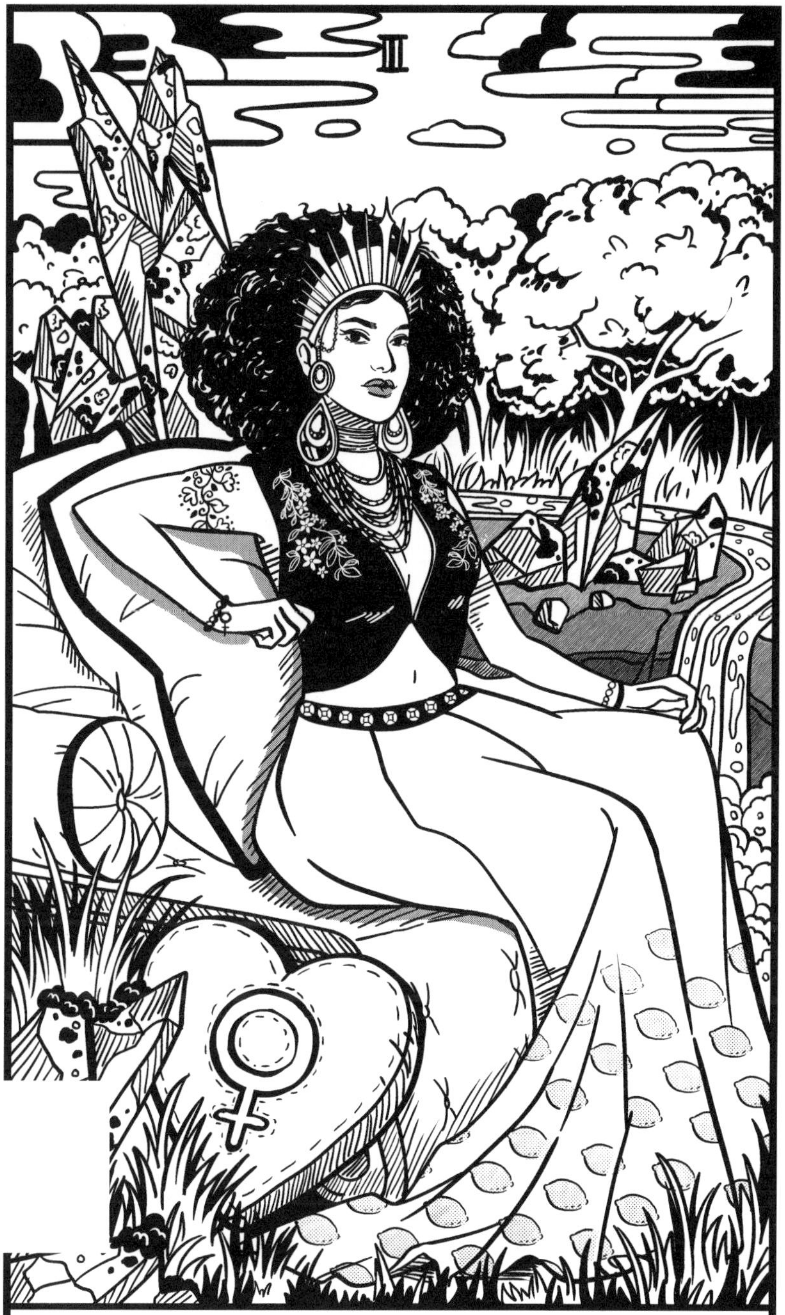

DIE HERRSCHERIN

DEINE GEDANKEN

Die Herrscherin lädt dich ein, deine innere Kraft zu finden. Schließe deine Augen, fühle sie. Wenn wieder schwere Zeiten kommen, kannst du dich so daran erinnern, wie du in deine Kraft kommst. Du kannst dich über sie erheben.

AUS WAS SCHÖPFST DU DEINE KRAFT?

....

....

....

....

....

....

....

....

ZÄHLE FÜNF DINGE AUF, DIE DU AN DIR LIEBST!

....

....

....

....

....

....

....

WAS KOMMT IN DEINEM LEBEN GERADE IN SCHWUNG? (Z.B. KARRIERE, BEZIEHUNGEN, ETC.)

....

....

....

....

....

....

....

....

GIBT ES EINE LEKTION, DIE DU DURCH HERAUSFORDERUNGEN GELERNT HAST?

....

....

....

....

....

....

....

IV. DER HERRSCHER

*Das Gebiet des Herrschers ist das Reich der Logik und der Kontrolle.
Hier steht viel Macht zur Verfügung, doch wem nützt sie?*

SYMBOLE

Als Antwort auf das Chaos der Natur kann Struktur beruhigend wirken ...

STADT-SILHOUETTE

Während die Herrscherin über eine natürliche Landschaft herrscht, ist das Reich des Herrschers die Stadt. Hier regiert Kontrolle über das Chaos, Kunstfertigkeit bändigt die Natur. Städte sind kulturelle Zentren, voller aktiver Menschen und menschlicher Kreativität. Ist das dieselbe Stadt, der die Närrin zu entkommen versucht?

FLUSS

Weit entfernt von der Quelle der Herrscherin ist der Fluss zu einem Rinnsal geworden, seine mächtige Lebenskraft ist durch von Menschenhand geschaffene Strukturen versiegt.

THRON

Der Thron des Herrschers ist aus demselben Kristallgestein gefertigt, das auch in der grünen Landschaft der Herrscherin zu finden ist. Der Herrscher hat seine oder ihre Autorität aus der rauen Schönheit des unberechenbaren Lebens gehauen. Kontrolle ist der buchstäbliche Sitz seiner oder ihrer Macht.

HÖRNER

Die Hörner des Herrschers, das Symbol des Tierkreiszeichens Widder, verweisen auf eine stoische Sturheit, eine innere Stärke, die – falls nötig – weder zerbricht, noch ständig nachgibt.

ANZUG

Ein smarter, gut geschnittener Anzug gleicht einer Rüstung. Der Herrscher hat sich eine scheinbare Männlichkeit zunutze gemacht, um seine oder ihre von Autorität zu unterstreichen. Kombiniert mit blauem Lidschatten und asymmetrischem Haar wirkt dieser Look jedoch nicht männlich, sondern androgyn. Es liegt Macht im Spiel mit den Geschlechternormen, im Mixen und Kombinieren von Rollenbildern.

ANKH-ZEPTER

Das Ankh-Zepter, das die Pharaonen bis ins Jenseits begleitete, ist ein Symbol des ewigen Lebens. Es zu halten bedeutet, sich mit dem Leben zu verbinden und es zu beherrschen. Von allen ägyptischen Göttern wird die Muttergöttin Isis am häufigsten mit dem Ankh verbunden. Sie trotzte dem Tod, um ihren Gemahl Osiris wiederzuerwecken.

KORRESPONDENZEN

*Die Herrscherin,
Die Hierophantin, Die Närrin,
Wagen*

WAS DAS BEDEUTET

Während die Stärke der Herrscherin organisch und natürlich ist, beruht die Macht des Herrschers auf Regeln: Er oder sie befolgt sie, setzt sie durch und passt sie an (Maßanzug). Als Herrscher über seine Stadt steht er oder sie für Kunst und Kultur (Stadtsilhouette), er oder sie nimmt sich von der Natur, was er oder sie will, und formt sie so, dass sie seinen oder ihren Bedürfnissen entspricht (Fluss, Thron). Der Herrscher ist stur und hartnäckig, doch diese Entschlossenheit kann zu Durchbrüchen verhelfen (Hörner). Indem der Herrscher alle zur Verfügung stehenden Mittel einsetzt, hat er oder sie die Macht über das Leben selbst (Ankh-Zepter).

FARBCODE

Gebranntes Orange, Creme, Grau, Schwarz,
Rot, Braun, Gelb, Gold, Azurblau.

IV

DER HERRSCHER

DEINE GEDANKEN

Es gibt eine Zeit für Chaos und eine Zeit für Ordnung. Der
Herrscher fordert dich auf, die Dinge logisch zu betrachten.
Gehe mit kühlem Kopf ans Leben heran – aber denke daran,
dass Starrheit zu Verbohrtheit führen kann.

**WAS IST DIE LOGISCHE LÖSUNG FÜR DAS
PROBLEM, VOR DEM DU STEHST?**

....

....

....

....

....

....

....

....

**WIE KLEIDEST DU DICH, WENN DU DICH
STARK FÜHLEN WILLST?**

....

....

....

....

....

....

....

....

**WELCHE REGELN HAST DU DIR FÜR DEIN
LEBEN GESETZT UND HÄLTST DU DICH AN
SIE?**

....

....

....

....

....

....

....

....

**WIE FORMULIERST DU DIE REGELN DER
GESELLSCHAFT UM, UM DEINE IDENTITÄT
ZU BEHAUPTEN?**

....

....

....

....

....

....

....

....

V. DIE HIEROPHANTIN

Traditionell ist der Hierophant der Philosophenkönig, die Eingangstür in ein Reich der Wissenshierarchie. Die Hierophantin im Modern Witch Tarot ist jedoch eine Lehrerin, die sich gegen diese Türsteher-Mentalität wendet und ihre Schüler*innen stärkt, anstatt sie zu belehren.

SYMBOLE

Betrachte folgende Symbole genau und erkenne, wie sie die traditionelle Bedeutung der Karte abändern ...

SÄULEN

Diese Säulen sind auch auf den traditionellen Darstellungen der Hohepriesterin, doch diese sind grau. Sie stehen für das, was zwischen den Dingen liegt – nicht alles ist schwarz und weiß. Die Hierophantin unterläuft Erwartungen und fordert dich auf, die Grautöne in deinem Leben zu finden. Situationen zu polarisieren hat noch niemandem geholfen.

KRONE

Die Hierophantin trägt eine dreistufige Krone wie der Papst. Die dritte Stufe besteht jedoch aus Blumen. Anstatt sich in ihrem Elfenbeinturm einzuschließen, ist diese Hierophantin mit der Weisheit und Magie der Natur verbunden – und macht sich die Energie zunutze, die die Magierin freigesetzt hat.

RECHTE HAND

Die Hierophantin hebt ihre rechte Hand in einer Geste des Segens: Sie verbindet den Himmel (zwei Finger himmelwärts) mit der Erde (zwei Finger Richtung Erde). Diese Spannung zwischen den beiden Welten wird auch durch die Gehängte charakterisiert.

STAB

In ihrer linken Hand hält die Hierophantin einen Stab mit einem Kristall an der Spitze. Im gesamten Deck stehen Kristalle für Magie und die Natur – und dies verbindet die Hierophantin erneut mit der Magierin. Vielleicht ist dies der nächste Schritt auf der Reise der Magierin?

TÄTOWIERUNGEN

Tätowierungen wurden im Laufe der Geschichte verwendet, um Glauben und Identität anzuzeigen: um die eige-

ne Individualität auszudrücken, sich mit einer Kultur zu identifizieren oder Spiritualität direkt in die Haut zu ritzen. In der westlichen Gesellschaft sind Tätowierungen ein Symbol der kreativen Rebellion und der Selbstbestimmung.

ROTES KLEID

Dieses Rot ist umwerfend leuchtend, die Farbe der Leidenschaft und der Tat. Der Saum ist zerrissen. Die Hierophantin schert sich nicht darum, sauber und ordentlich zu bleiben.

NACKTE FÜSSE

Die Hierophantin steht mit beiden Füßen fest auf dem Boden und lässt sich nicht von gesellschaftlichen Zwängen aufhalten. Sie wird von ihrem Gefühl angetrieben, ist geerdet und zieht die Schuhe als Zeichen des Respekts und der Ehrfurcht aus.

KEIN PODEST

Dass es kein Podest gibt, ist als Symbol zu verstehen. Im Tarot von Waite & Smith steht der Hierophant auf einer kleinen Bühne oder einem Podest, das ihn über seine Schüler erhebt. Die Hierophantin im Modern Witch Tarot verfügt über keine solche Trennlinie. Sie befindet sich auf der gleichen Ebene wie ihre Schüler*innen, gleichberechtigt und bereit, sie aufzunehmen.

ÜBERKREUZTE SCHLÜSSEL

Die gekreuzten Schlüssel zu Füßen der Hierophantin sind ein klassisches Symbol dieser Karte – doch während sie traditionell Richtung Hierophant deuten, liegen diese Schlüssel Richtung Schüler*innen. Anstatt ein objektives Wissenssystem zu entschlüsseln, ermutigen diese Schlüssel die Schüler*innen.

WAS DAS BEDEUTET

Als Meisterin ihres Handwerks (Krone, Stab) heißt die Hierophantin ihre Schüler willkommen (rechte Hand) und lädt sie ein, ihr Wissen zu nutzen, um sich selbst zu entdecken (überkreuzte Schlüssel). Sie ist leidenschaftlich und emsig (rotes Kleid) und wendet sich gegen die Torhüter-Mentalität und jedes System, das einige Menschen über andere erhebt (kein Podest).

KORRESPONDENZEN

Die Magierin,
Die Hohepriesterin,
Gerechtigkeit, Die Gehängte

FARBCODE

Rot, Creme, Braun, Grau, Eisblau, Pink, Gold und Schwarz.

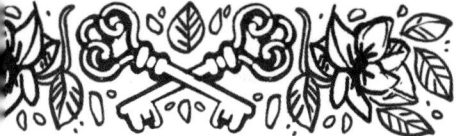

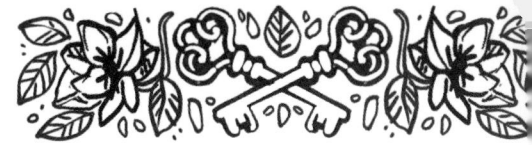

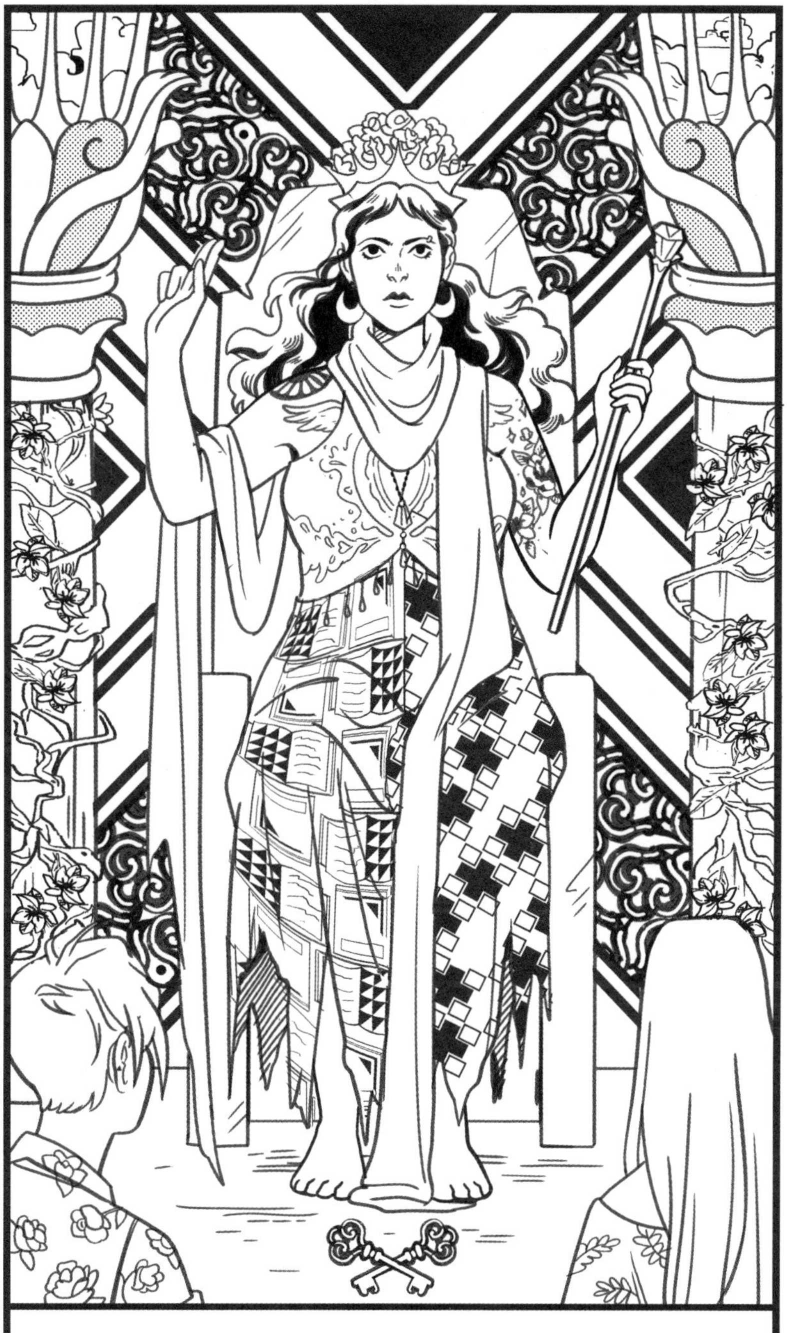

DIE HIEROPHANTIN

DEINE GEDANKEN

Wissen sollte geteilt werden, insbesondere spirituelles Wissen, das dir
hilft, dich selbst zu entdecken. Tarot zu deuten kann sehr schwierig erscheinen, wenn du damit beginnst. Es ist schwer, einen Einstieg zu finden
– bis du deine innere Hierophantin gefunden hast.

WER IST DEINE HIEROPHANTIN? SPIELST DU DIESE ROLLE FÜR JEMAND ANDEREN?

....

....

....

WAS HAST DU DURCH TAROT ÜBER DICH SELBST UND DAS LEBEN IM ALLGEMEINEN GELERNT?

....

....

....

DEUTEST DU TAROT LIEBER FÜR DICH SELBST ODER FÜR ANDERE? WARUM?

....

....

....

WAS MÖCHTEST DU NOCH ÜBER TAROT LERNEN?

....

....

....

TAROT TIPP
*Die Hierophantin steht sinnbildlich für viele Themen
des Modern Witch Tarot: Umsturz patriarchalischer Macht-
strukturen, Einbeziehung, Gemeinschaft, Wissensaustausch.
Wenn du nur eine Karte auswählen könntest, um jemandem
dieses Deck näherzubringen, welche wäre es?*

VI. DIE LIEBENDEN

Traumhaft und surreal durchwandern die Liebenden eine unheimliche Landschaft, auf der Suche nach Einheit und Erleuchtung. Welche höhere Ebene kann man durch Liebe erreichen?

SYMBOLE

Randvoll mit Symbolik, stehen die Liebenden für weit mehr als das, was du auf den ersten Blick wahrnimmst …

NACHT

Die meisten Szenen des Modern Witch Tarot spielen sich bei Tageslicht ab – tatsächlich gibt es nur eine weitere Karte in den Großen Arkana, die in der Nacht spielt. Doch die hier abgebildete Landschaft ist jenseitig, voller lebhafter Farben und einem goldenen Mond. Ist dies ein Traum oder ein Ort jenseits unserer Realität?

ENGEL

Der blauhäutige Engel mit feuerroten Flügeln – der Farbe der Leidenschaft – und mit weißem Haar wacht über die Liebenden auf ihrer Reise zur Erleuchtung. Von der Liebe des Liebespaares überwältigt, wendet er lächelnd, mit geschlossenen Augen, sein Gesicht ab.

LIEBESPAAR

Alle Hemmungen sind überwunden, die nackten Liebenden verbergen nichts voreinander: Der beste Weg zur Liebe ist Ehrlichkeit. Die Figur auf der rechten Seite wendet ihr Gesicht der Geliebten zu. Dies steht für die von der Leidenschaft überwundene Vernunft. Die Figur auf der linken Seite blickt zum Engel auf, hin zur Erleuchtung.

HÄNDE

Die Hände des Engels sind über dem Herzen, der Quelle der Liebe, gefaltet. Die Hände der Liebenden berühren sich fast und in der winzigen Lücke zwischen ihren Fingerspitzen liegt eine Welt voller Möglichkeiten. Zusammen bilden diese Gesten die Form eines Diamanten, der für Aufstieg, Weisheit und Klarheit steht.

SCHLANGE

Die Schlange ist kein Symbol des Bösen, sondern steht im Okkultismus und Tarot für Wissen, Weisheit und die Möglichkeit, alles zu überwinden, was dich zurückhält. Sie kann auch für Hermes, Ophiuchus und die Medizin stehen – für heilende Weisheit, die dir bei der Weiterentwicklung hilft.

STADTSILHOUETTE

Weit in der Ferne liegt die Stadt, die für das menschliche Leben steht. Das Liebespaar hat einen Nirwana-ähnlichen Zustand erreicht, aber es ist immer noch in seiner Menschlichkeit verwurzelt. Werden die beiden sich daran erinnern, in die Stadt zurückzukehren?

BERG

Vor den beiden Liebenden steht ein Berg, der für Hindernisse, Ambitionen und persönliche Errungenschaften steht. Auf der Suche nach Einheit und Erleuchtung reisen die Liebenden durch eine unheimliche, traumhafte, surreale Landschaft. Welche höhere Ebene kannst du durch die Liebe erreichen?

WAS DAS BEDEUTET

Vielleicht hältst du die Karte „Die Liebenden" für romantisch. Doch sie ist so viel mehr als das. Von der Leidenschaft getragen, betreten die Liebenden einen anderen Bewusstseinszustand (Nacht, Stadtlandschaft) und treffen auf eine paradiesische Landschaft, die voller Möglichkeiten zur Erleuchtung, Weisheit und Aufstieg (Bäume, Engel, Schlange) ist. Ehrlichkeit, Vernunft und Leidenschaft schaffen ein Gleichgewicht (Liebende, Hände). Jetzt ist alles möglich (Berg).

KORRESPONDENZEN
Teufel, Mond, Turm

FARBCODE

Schwarz, Gold, Violett, Rot,
Weiß, Blassblau und Pink.

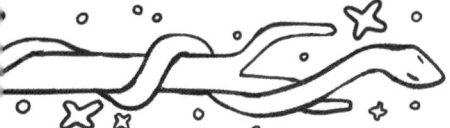

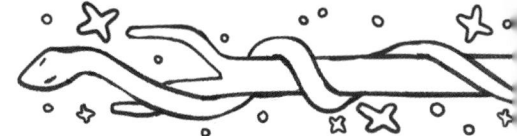

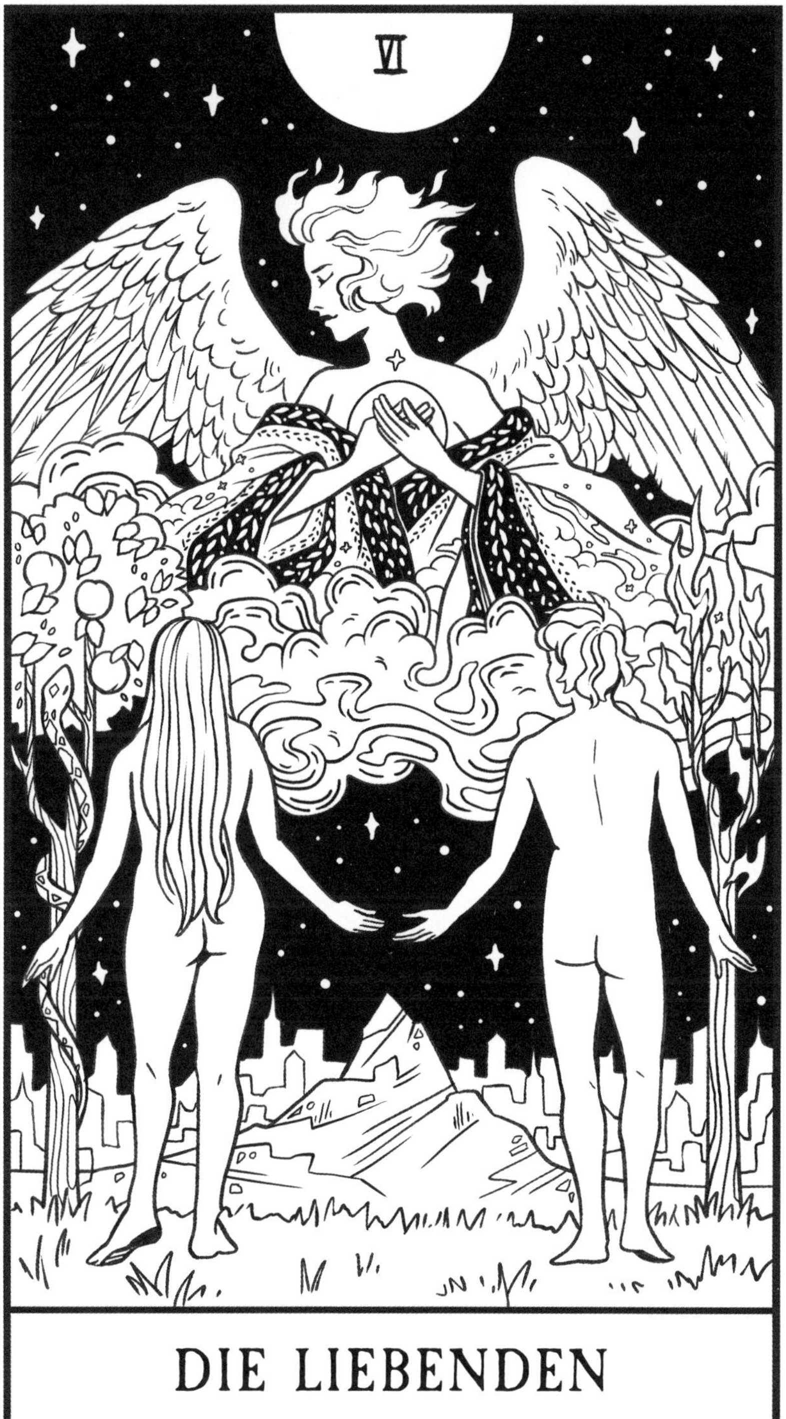
VI
DIE LIEBENDEN

DEINE GEDANKEN

Wahre Liebe bedeutet, die Grenzen zwischen uns zu überwinden, damit wir einander so sehen können, wie wir wirklich sind. Diese Einheit ist magisch. Sie kann Türen in uns öffnen, von denen wir nicht wussten, dass sie geschlossen waren. Sind sie einmal geöffnet, kannst du die Weisheit eines höheren Bewusstseinszustands erlangen ...

WELCHE LIEBE IN DEINEM LEBEN GIBT DIR DAS GEFÜHL, DASS DU ALLES ERREICHEN KANNST?

....

....

....

GAB ES EINEN MOMENT IN DEINEM LEBEN, IN DEM DU DAS GEFÜHL HATTEST, DASS ALLE SCHLEIER DER VERSTELLUNG ZWISCHEN DIR UND EINER ANDEREN PERSON GEFALLEN SIND?

....

....

....

WAS IST DEIN PERSÖNLICHER BERG?

....

....

....

WELCHE PERSON HAST DU FÜR ANDERE ERSCHAFFEN? ENTSPRICHT DAS DEM, WAS DU BIST?

....

....

....

....

TAROT TIPP:

Im Älteren Futhark gibt es eine rautenförmige Rune namens Ingwaz. Sie bedeutet Harmonie, Einheit und unsterbliche Liebe. Halte Ausschau nach anderen geometrischen Symbolen in diesem Deck. Gibt es andere, die Runen ähneln?

VII. WAGEN

Auf geht's! Die Wagenlenkerin ist bereit für ein Abenteuer und sie hat dafür alles, was sie braucht. Schnüre deine Stiefel, wirf dich in Schale! Du hast noch einen weiten Weg vor dir und jetzt ist der beste Zeitpunkt für den Aufbruch.

SYMBOLE

Sie wird alle im Staub stehen lassen ...

DIADEM

Mit einem Diadem gekrönt und geschmückt mit Sternenohrringen wirkt die Wagenlenkerin edel und doch burschikos. Sie stellt alle Vorstellungen von Anmut in Frage, die mit Diademen verbunden sind. Sie ist die typische aufbegehrende Heldin, die sich der Tradition widersetzt, um ihre eigenen Wege zu gehen.

LEDERJACKE

Die Wagenlenkerin hat die klassische Rüstung aus dem Tarot von Waite & Smith gegen eine coole Lederjacke eingetauscht. Stacheln auf den Schultern verleihen ihr einen punkigen Look. Sie ist zu allem bereit. Leg dich nicht mit ihr an!

MONDSICHELN

Die Mondsicheln auf der Jacke der Wagenlenkerin verbinden sie mit der Hohepriesterin. Während sie voranprescht, wird sie vom Mond und dem göttlichen Unbewussten angetrieben. Dies verleiht ihrer Reise ein mystisches Element ...

VIERECKIGES DESIGN

Die Waite & Smith-Version der Karte zeigt einen quadratischen Wagen, der die vier Ecken der Erde und die vier Himmelsrichtungen symbolisiert. Die Modern Witch Wagenlenkerin trägt ein quadratisches Symbol auf ihrer Brust und verkörpert so den Geist des Abenteuers!

STAB

Die Wagenlenkerin trägt denselben Zauberstab wie die Magierin. Dies verleiht ihr die Macht, all das zu erschaffen, was sie sich vorstellen kann. Sie gemahnt daran, dass Manifestation nicht statisch ist. Wenn du dich selbst erfinden willst, musst du dich vorwärtsbewegen.

MOTORRAD

Das edle Streitwagenross ist nun ein eisernes Pferd, das den jugendlichen Rebellen à la James Dean symbolisiert. Das Motorrad ist ein männliches Machtsymbol, das die Wagenlenkerin nun für sich beansprucht. Yeah!

KURZES HAAR

Die Androgynität der Wagenlenkerin spiegelt sich in ihrem Kurzhaarschnitt wider, Symbol der Selbstbestimmung und der Auflehnung gegen gesellschaftliche Normen. Auch ihre Haartolle erinnert an die rockigen maskulinen „Greaser" der 50er Jahre.

STADTSILHOUETTE

Die Stadt liegt näher im Hintergrund des Wagens als hinter den Liebenden. Das deutet darauf hin, dass sie ihre Reise direkt von ihrem Zuhause aus antritt – aber bereit ist, diese urbane Gegend hinter sich zu lassen!

SPHINXEN

Eine schwarze und weiße Sphinx flankieren das Motorrad der Wagenlenkerin und spiegeln die schwarzen und weißen Säulen der Hohepriesterin wider. Die Rätsel aufgebenden Sphinxen sind geheimnisvolle Hüter der Schwellen. Die Wagenlenkerin scheint sie bezwungen zu haben, aber sie versperren ihr noch immer den Weg. Welches Rätsel hat sie noch zu lösen?

WAS DAS BEDEUTET

Die Wagenlenkerin ist das Ergebnis der bisherigen Karten der Großen Arkana. Sie drängt vorwärts mit aller Energie der Magierin und dem spirituellen Wissen der Hohepriesterin (Zauberstab, Mondsichel, Sphinx). Sie ist eine eigenständige Kraft, die vor nichts zurückschreckt und sich vor niemandem fürchtet, der oder die sich ihr in den Weg stellen könnte (Lederjacke, Motorrad). Die Wagenlenkerin ist das Ego, das Selbst, das wir erschaffen. Und doch, was verbirgt sich bei aller Coolness unter ihrer Oberfläche?

KORRESPONDENZEN
Die Närrin,
Die Magierin,
Die Hohepriesterin,
Tod

FARBCODE

Gelb, Gold, Schwarz, Hellblau, Beige, Weiß, Grau, Pink, Cyan.

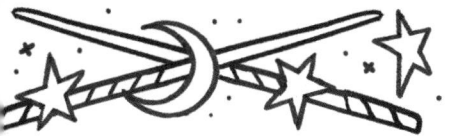

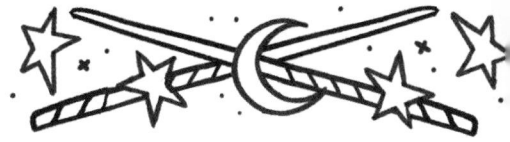

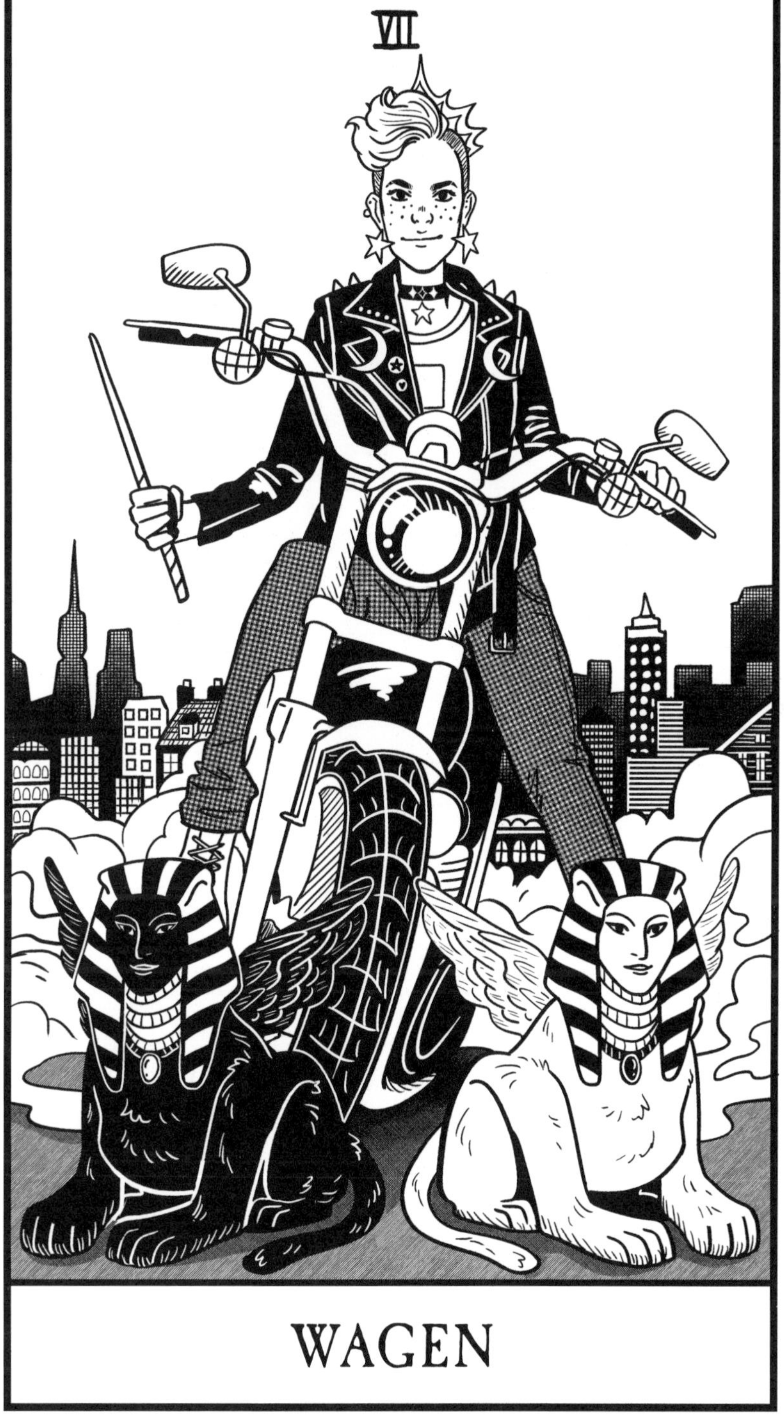

DEINE GEDANKEN

Das gesamte Energiepotenzial der Närrin entfaltet sich in der Wagenlenkerin. Sie hat einen klareren Sinn für Ausrichtung, Ziel und Ambition als ihr jüngeres Gegenstück. Sie weiß, wohin sie will. Nutze ihre Energie – wer willst du sein?

TAROT TIPP:

Dies ist nicht der einzige Auftritt der Wagenlenkerin im Modern Witch Tarot. Schau mal, ob du herausfindest, wohin ihre Reise sie in der Kleinen Arkana führt!

IN WELCHE RICHTUNG LÄUFT DEIN LEBEN?

....

....

....

WENN DU EINEN ANDEREN WEG EINSCHLAGEN KÖNNTEST, IN WELCHE RICHTUNG WÜRDEST DU DEIN LEBEN LENKEN?

....

....

....

WOHIN WÜRDEST DU REISEN, WENN DU ÜBERALL AUF DER WELT HINREISEN KÖNNTEST?

....

....

....

WELCHE PERSÖNLICHKEIT HAST DU FÜR ANDERE ERSCHAFFEN? ENTSPRICHT SIE DEM, WAS DU BIST?

....

....

....

VIII. KRAFT

Die Kraft erscheint in vielen Formen. Du kannst dich denen stellen, die dich angreifen wollen, aber letztendlich musst du dich dir selbst stellen. Welche Dämonen lauern in dir? Kannst du sie bezwingen?

SYMBOLE
Viele Bedeutungsebenen dieser Karte gehen über reine Symbolik hinaus ...

GIRLANDEN
Die Kraft trägt Rosengirlanden um ihren Kopf und ihre Taille und hat auch eine um den Hals des Löwen gelegt. Die Rose ist ein Symbol der Schönheit, aber sie sind mit Dornen versehen. Die größte Schönheit ist die innere Schönheit, doch der Abstieg in die eigene Tiefe verläuft nicht ohne Schmerz.

ZERSTÖRTE FELSEN
Die Umgebung der Kraft ist rau und feindlich: flach, karg und voll zerklüfteter Kristallfelsen. Der Weg der Kraft ist nicht einfach, und dennoch geht sie ihn. Manchmal ist das der größte Sieg.

LÖWE
Der Löwe sitzt gelassen und zahm da, die tröstenden Hände der Kraft ruhen auf seinem Haupt. Er symbolisiert ihre inneren Dämonen und dunkelsten Ängste – die Wildheit in dir, die in deinen schwächsten Momenten an dir zerrt. Die Kraft hat den Löwen gezähmt und versteht dadurch besser, wer sie ist. Anstatt sie zu zerreißen, ist der Löwe nun ein treuer Begleiter auf ihrer Reise.

HALTUNG
Anders als bei dem Tarot von Waite & Smith ringt die Kraft nicht mit dem Löwen. Hier ist das Ende dieser Geschichte dar-gestellt: Die Kraft hat gelernt, mit ihren dunklen Seiten zu leben. Sie ist jetzt im inneren Gleichgewicht, es gibt keinen Machtkampf zwischen ihr und dem Löwen. Sie hat den Löwen gezähmt – er begleitet sie, geschmückt mit denselben Girlanden wie sie. Sie sind eins.

GESICHTSAUSDRUCK
Die Augen der Kraft sind fest auf ihr Ziel gerichtet, und ihr Gesichtsausdruck strahlt innere Gelassenheit aus. Sie hat mit sich selbst Frieden geschlossen und ist durch ihre innere Reflexion stärker geworden. Was auch immer das Weltgeschehen für sie bereithält, es wird ihre hart erkämpfte innere Kraft nicht erschüttern. Daher kann sie ihre Reise mit größerem Selbstvertrauen fortsetzen.

UNENDLICHKEITSSYMBOL
Über dem Kopf der Kraft befindet sich dasselbe Unendlichkeitssymbol, das auch über der Magierin hängt. Die Erschaffung des eigenen Selbst ist das letztendliche Ergebnis deiner Lebensreise. Alles, was du bist, hat einen Wert. Auch wenn es etwas ist, das dir Angst macht, oder etwas, das du nach der Ansicht anderer unterdrücken solltest. Betrachte dich genauso, wie du wirklich bist – und wenn dir das gelingt, sind deiner Entfaltung keine Grenzen gesetzt.

WAS DAS BEDEUTET
Die Kraft hat ihren Kampf gegen die dunkelsten Seiten in sich selbst gewonnen (Löwe) und sich ins Gleichgewicht gebracht (Girlanden). Die Welt ist grausam (zackige Felsen), aber die Kraft hat die Werkzeuge, die sie braucht, um durchzuhalten (Haltung). Und sie gibt nicht auf, denn sie ist endlich im Frieden mit sich selbst (Gesichtsausdruck). Was auch immer geschieht, ihr Potenzial ist grenzenlos (Unendlichkeitssymbol).

KORRES-PONDENZEN
Die Herrscherin,
Die Hierophantin,
Die Magierin

FARBCODE

Gebranntes Gelb, Eisblau, Aquamarin, Magenta, Braun, gebranntes Orange, Schwarz

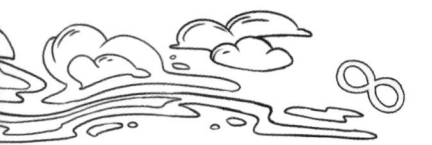

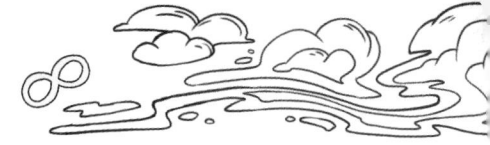

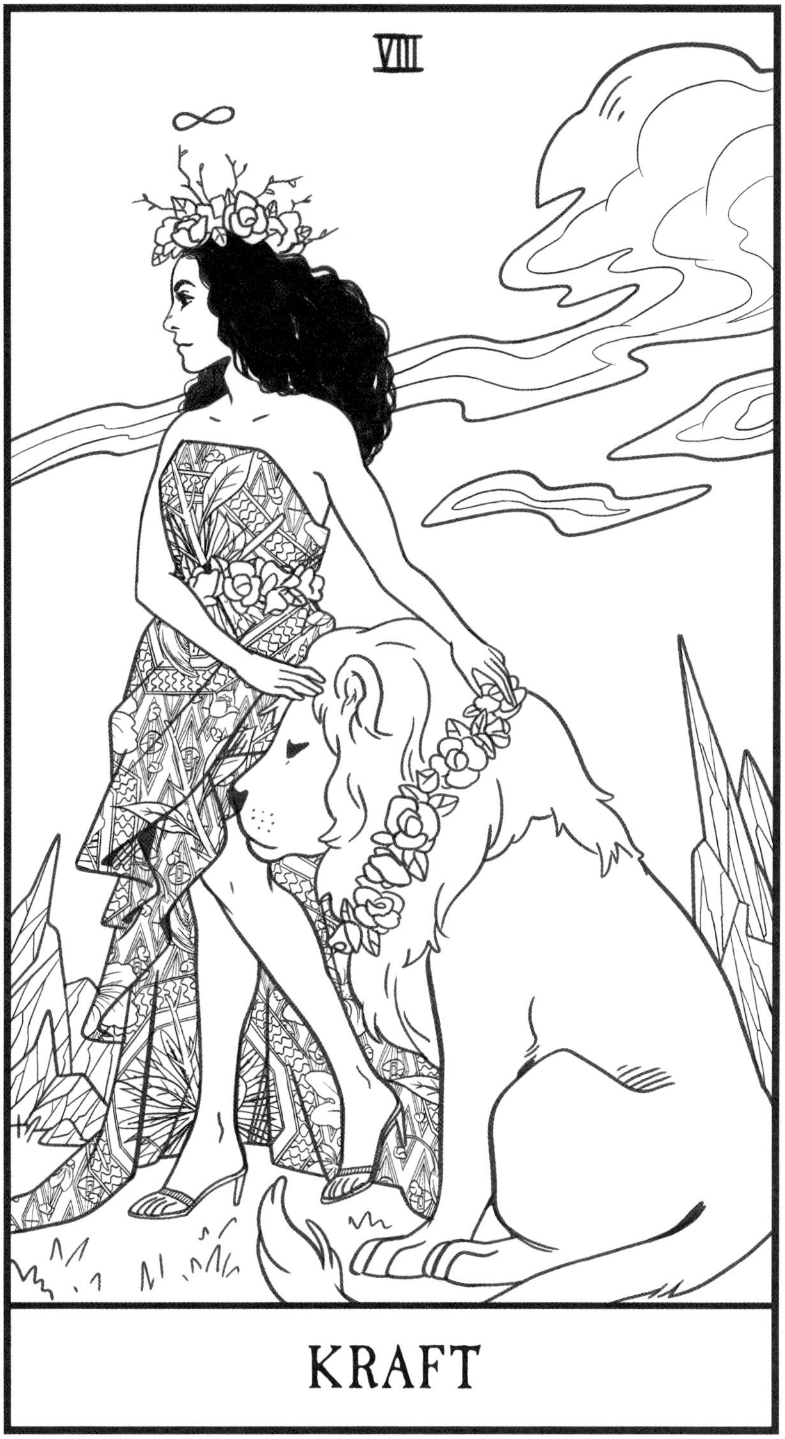

DEINE GEDANKEN

Bevor du aufbrichst, musst du nach innen schauen. Du musst dich mit deinen dunkelsten Seiten auseinandersetzen und akzeptieren, dass sie für die Vielfalt deiner Selbst wesentlich sind. Kraft ist das, was entsteht, wenn du akzeptierst, wer du bist, und dadurch ganz wirst.

WAS MACHT DIR AM MEISTEN ANGST?

....

....

....

....

....

....

....

....

....

GIBT ES IRGENDETWAS, DAS DICH SCHON SEIT LANGEM BESCHÄFTIGT?

....

....

....

....

....

....

....

....

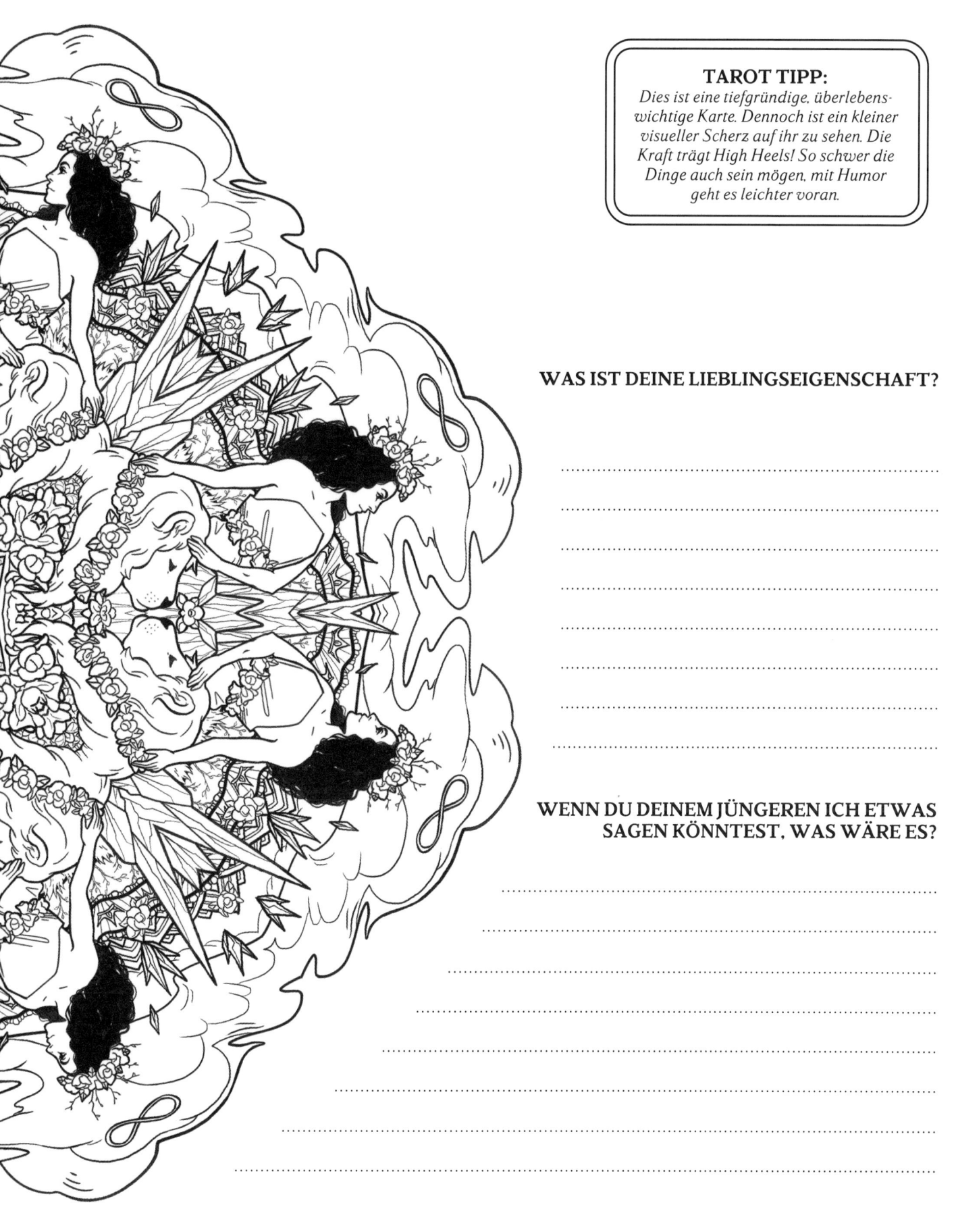

TAROT TIPP:
*Dies ist eine tiefgründige, überlebens-
wichtige Karte. Dennoch ist ein kleiner
visueller Scherz auf ihr zu sehen. Die
Kraft trägt High Heels! So schwer die
Dinge auch sein mögen, mit Humor
geht es leichter voran.*

WAS IST DEINE LIEBLINGSEIGENSCHAFT?

....

....

....

....

....

....

....

....

WENN DU DEINEM JÜNGEREN ICH ETWAS SAGEN KÖNNTEST, WAS WÄRE ES?

....

....

....

....

....

....

....

IX. DIE EREMITIN

Wir leben in einer Periode der Extreme, in der viele Anforderungen an unseren Energiehaushalt und unsere Zeit gestellt werden. Es ist ok, dich mal zurückzuziehen – und manchmal ist es genau das, was du brauchst.

SYMBOLE

Selbst moderne Technologie kann ein Symbol sein ...

LAPTOP

Das Laptop ist das zentrale Element dieses Bildes, da die Eremitin ihre Hand auf seinen Deckel legt. Klappt sie den Laptop zu, weil sie von Social Media, der Arbeit und von der ständigen Verfügbarkeit überwältigt ist? Oder öffnet sie ihn, um sich wieder einem persönlichen Projekt zu widmen, das sie vernachlässigt hat? Musst du dich zurückziehen oder wieder in Kontakt mit der Welt gehen?

FENSTER

Im Gegensatz zum Deck von Waite & Smith, das den Eremiten auf einer eisigen Bergspitze ansiedelt, befindet sich die Modern Witch Eremitin in einem Raum. Sie besitzt eine persönliche Hermitage, einen Zufluchtsort fernab der zuweilen überwältigenden und herausfordernden Außenwelt. Schau' nach innen und baue dir deinen eigenen Schutzraum.

STERNENANHÄNGER

Der Anhänger der Eremitin leuchtet sanft in diesem abgedunkelten Raum. Der fünfzackige Stern ist ein Schutzsymbol, aber er wird auch mit Magie und Weisheit assoziiert. Die Abgeschiedenheit der Eremitin ist kein Rückschritt: Indem sie sich vom Lärm zurückzieht, kann sie sich selbst, das Universum und die Weisheit, die sie sucht, besser erlangen.

BARFUSS

Wie die Hierophantin ist auch die Eremitin barfuß. Dies verwurzelt sie innerhalb ihres Raumes und verbindet sie mit der Erde. Selbst wenn sie durch ihre stille Meditation nach höherer Weisheit strebt, bleibt sie im Boden verankert.

UMHANG

Kapuzenmäntel sind seit Langem ein Zeichen für magisches Wissen und werden von Magier*innen, Hexen und spirituellen Führer*innen getragen. Die Eremitin zieht sich nicht nur zurück, sie wird zu einer Fackel der Erleuchtung. Durch ihr Lernen wird sie selbst zu einer spirituellen Anführerin. Sie kann anderen, die ihren Weg beschreiten wollen, Erkenntnisse vermitteln.

KORRES-PONDENZEN

Die Hohepriesterin, Die Hierophantin, Stern

WAS DAS BEDEUTET

Die Eremitin zieht sich von der Außenwelt zurück (Fenster) und nimmt sich Zeit für sich selbst – sei es, um an einem persönlichen Projekt zu arbeiten oder eine Technik-Auszeit (Laptop) einzulegen. Wenn du alleine bist, kann es leicht geschehen, dass du dich verlierst und geistig abdriftest. Doch die Eremitin bleibt geerdet (barfuß). Während dieser Zeit verbindet sie sich mit höherer Weisheit, so dass sie für andere zu einer Fackel der Erleuchtung werden kann (Umhang, Sternanhänger).

FARBCODE

Schwarz, Grau, Weiß, Gold, Braun, Cyan

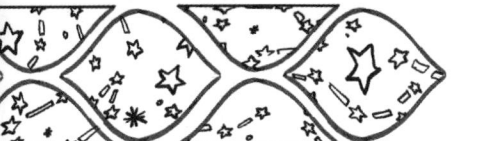

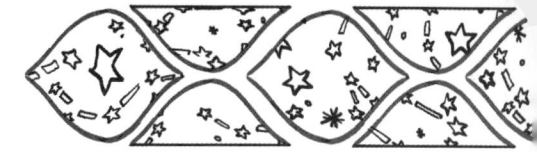

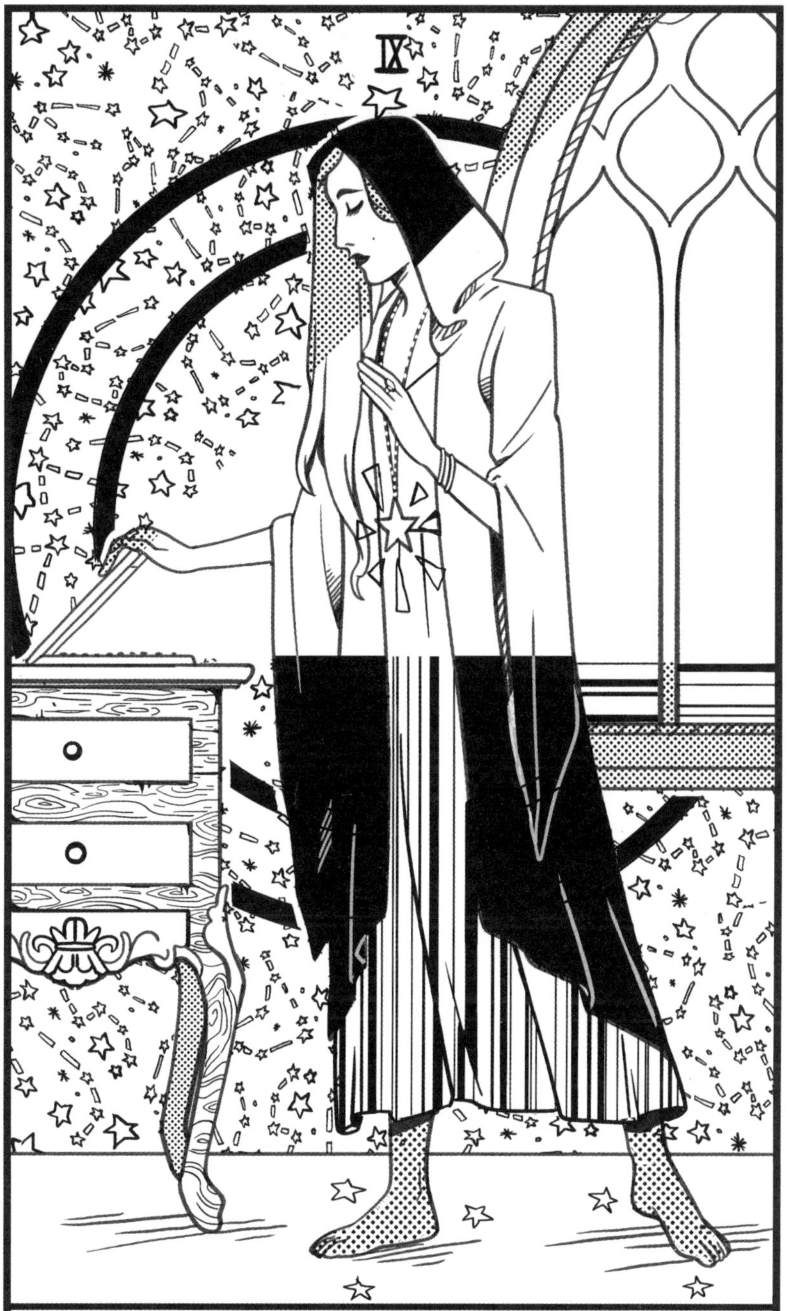

DIE EREMITIN

DEINE GEDANKEN

TAROT TIPP:
Für die Hohepriesterin ist der Laptop sowohl das Archiv ihres Wissens als auch ihre Verbindung zu ihrer Community. Für die Eremitin hängt die Bedeutung des Laptops jedoch von deiner Interpretation ab. Welche anderen Symbole im Modern Witch Tarot haben mehrere Bedeutungen?

Obwohl die Szene auf den ersten Blick traurig und abgeschieden erscheinen mag: Taucht die Eremitin auf, wird dir eine klare Botschaft geschickt, dir eine Auszeit zu nehmen und dich wieder mit dir selbst zu verbinden.

WANN HAST DU DIR DAS LETZTE MAL EINEN TAG NUR FÜR DICH RESERVIERT?

....

....

....

MIT WELCHEN STRATEGIEN SORGST DU FÜR DICH SELBST?

....

....

....

WAS BEDEUTET ZUFLUCHT FÜR DICH? IST ES EINE RUHIGE BERGKUPPE ODER EIN GEMÜTLICHES ARBEITSZIMMER? ERSCHAFFE DEINEN PERFEKTEN RÜCKZUGSORT KRAFT DEINER GEDANKEN ...

....

....

....

HAT DIR JEMAND IN DEINEM LEBEN AUF DEINEM WEG ZUR SELBSTFINDUNG UND ERLEUCHTUNG GEHOLFEN?

....

....

....

X. RAD DES SCHICKSALS

Das Leben geht weiter. Die Jahreszeiten ändern sich, Schicksale wandeln sich: Aus Erfolg wird Misserfolg und unfruchtbares Land bringt neue Möglichkeiten hervor. Was wird dir die nächste Drehung des Rades bringen?

SYMBOLE
Anschnallen, Leute! Jetzt wird's okkult.

ASTROLOGISCHE SYMBOLE

In den vier Ecken der Karte befinden sich vier astrologische Symbole: Wassermann, Skorpion, Löwe und Stier. Dies sind die vier fixen Tierkreiszeichen, die für den gesamten Tierkreis stehen – und für den Kreislauf des Jahres, den es braucht, um sämtliche zwölf Zeichen zu durchlaufen. Natürlich entsprechen sie auch den vier Elementen.

RAD

Räder symbolisieren das Vergehen der Zeit in Form eines endlosen Kreislaufs. Das Leben besteht aus sich wiederholenden Mustern: Was einmal war, wird wieder sein. Aber was ist ein Rad des Schicksals? Das Symbol ist uralt. Es hat seine Wurzeln in der babylonischen Astrologie und wurde von den Römern mit der Göttin Fortuna verbunden. Mit einer Drehung katapultiert sie dich hoch das Rad hinauf oder zerquescht dich unter ihm. Das Rad ist ein buchstäblicher Wendepunkt: Das Los, das dir zufällt, ein ungewisses Schicksal, Chaos.

ACHT SPEICHEN

Die Speichen des Rades beziehen sich auf achtzackige Symbole in der Geschichte – den sumerischen Stern der Ishtar, den hinduistischen Stern der Lakshmi, den buddhistischen Pfad der Emanationen. Das Symbol der Unendlichkeit ist eine horizontale Acht, und der Kompass hat acht Punkte. Das Rad enthält alles, was sein kann und sein wird.

ALCHEMISTISCHE SYMBOLE

Auf vier der Speichen befinden sich die alchemistischen Symbole für Quecksilber (oben), Schwefel (rechts) und Salz (links). Diese Symbole stehen für die erschaffene Welt, wobei Quecksilber für das Bewusstsein, Schwefel für die Leidenschaft und Salz für die Unwissenheit steht. Über das letzte Symbol, das dem des Wassermanns gleicht, herrscht Uneinigkeit. Manche sagen, es bedeute Wasser und Auflösung. Alchemistische Wörterbücher verbinden es mit Vervielfältigung. Diese Begriffe sind natürliche Gegensätze: Etwas wird in seine Teile zerlegt oder seine Anzahl wird erhöht. Dieses Symbol steht also für Vermehrung oder Auflösung. Die Bedeutung des Rades dreht sich somit um Gewinn oder Verlust.

BUCHSTABEN

Die Buchstaben auf dem Rad sind eine Mischung aus Hebräisch und Latein. Die hebräischen Buchstaben sind Yod, Heh, Vav und Heh. Dies ist der Name Gottes, wie er in der Thora erscheint; in der Kabbalah entsprechen diese Buchstaben auch der Erschaffung der Realität und den vier Elementen. Die lateinischen Buchstaben ergeben das Wort TARO, sind aber auch Anagramme für ROTA (Latein für „Rad"), ORAT (Latein für „spricht"), TORA (die Tora/das Gesetz) und ATOR (Hathor, ägyptische Göttin des Lebens und des Todes): „Das Rad steht für das Gesetz von Leben und Tod". (So oder so ähnlich erklären es jedenfalls Tarotexpert*innen!)

MENSCHEN

Während die Person oben auf dem Rad friedlich und zufrieden ist, blickt die Person unter dem Rad neidisch und sehnsüchtig nach oben. Jeder und jede von uns ist einmal oben und einmal unten, während sich das Rad unaufhörlich weiterdreht.

WAS DAS BEDEUTET

Das Rad ist die Summe der gesamten Existenz (Acht Speichen, alchemistische Symbole, astrologische Zeichen). Wo auch immer du dich gerade befindest, eine weitere Raddrehung kann dich in eine neue Situation stürzen (Menschen). Das Leben geht weiter – und was du verloren hast, kannst du zu einer anderen Zeit zurückgewinnen (Rad). Schicksal und Chaos sind keine Gegensätze, sondern ein- und dieselbe unbegreifliche kosmische Kraft. So sehr du auch versuchst, alles in deinem Leben zu kontrollieren – das Rad wird sich immer drehen und drehen.

KORRESPONDENZEN
Die Welt,
Die Närrin

FARBCODE

Creme, Schwarz, gebranntes Orange,
Grau, Rot, Coelinblau

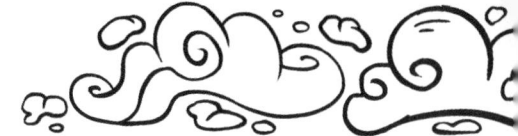

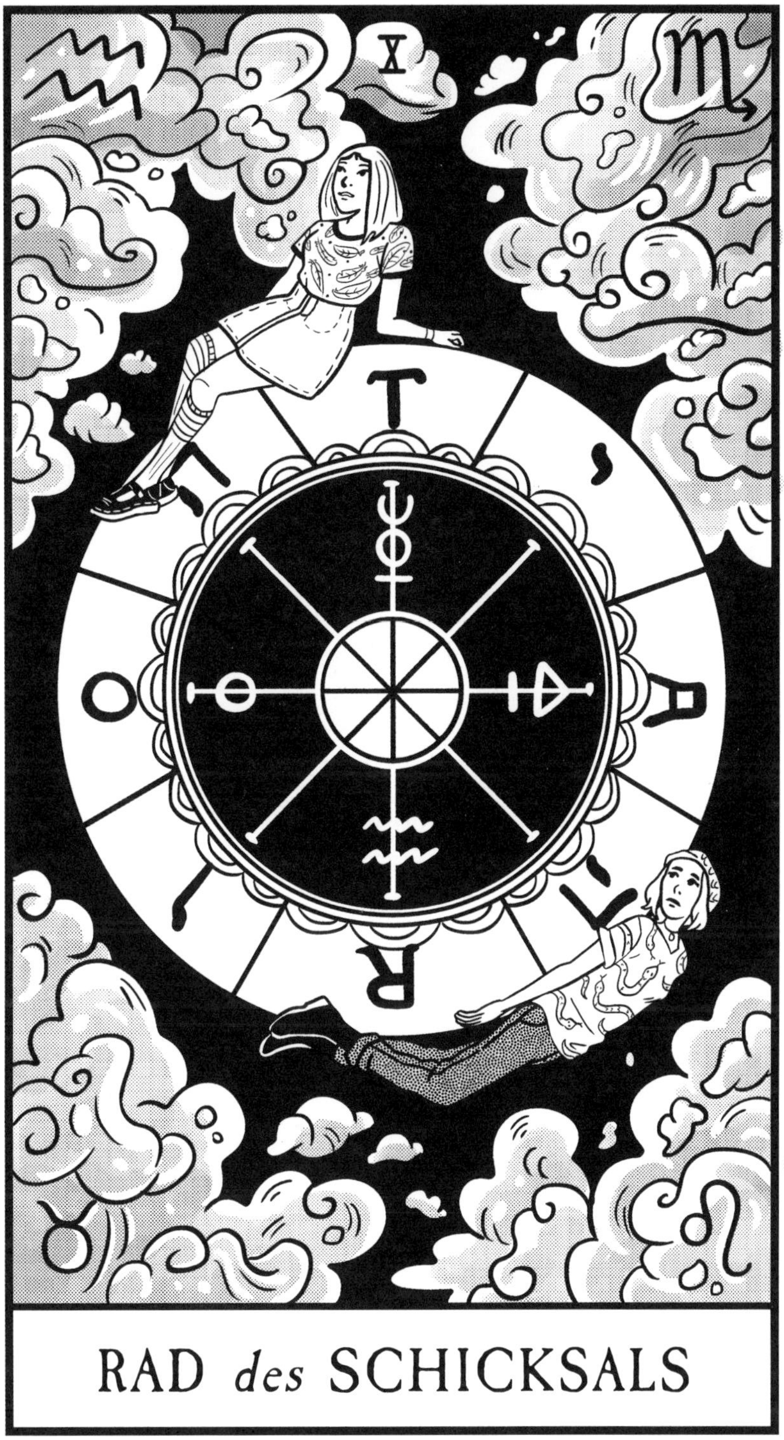
X
T
A
R
O
RAD des SCHICKSALS

DEINE GEDANKEN

Du kannst nicht kontrollieren, wie das Leben dich herumwirbelt. Alles, was du tun kannst, ist, die Veränderungen zuzulassen und das Beste aus jeder neuen Situation zu machen, die sich dir bietet.

AN WELCHEM PUNKT DES RADES BEFINDEST DU DICH GERADE?

....

....

....

GAB ES EINE ZEIT, IN DER DU DICH AN EINE ÜBERRASCHENDE NEUE SITUATION ANPASSEN MUSSTEST?

....

....

....

MACHE EINE EINFACHE KARTENLEGUNG MIT FOLGENDEN POSITIONEN: VERGANGENHEIT, GEGENWART UND ZUKUNFT. WIE STEHEN DIE KARTEN DER VERGANGENHEIT UND DER ZUKUNFT ZUEINANDER?

....

....

....

GLAUBST DU AN SCHICKSAL ODER VORSEHUNG?

....

....

....

....

TAROT TIPP:
Da jede Farbe/Symbolreihe der Kleinen Arkana einem Element entspricht, beziehen sich die Großen Arkana, auf denen Elemente-Symbole abgebildet sind, auf die Kleinen Arkana. Finde die Karten, die alle vier Elemente zeigen. Was hat es deiner Meinung nach für eine Bedeutung, wenn alle vier vorkommen?

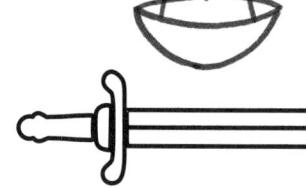

XI. GERECHTIGKEIT

Gerechtigkeit ist das Werkzeug der Mächtigen – aber die wahre Gerechtigkeit, die Macht des Volkes, ist oft weit entfernt von dem, was der Staat will. Existiert Gerechtigkeit im Gerichtssaal oder ist sie anderswo zu finden?

SYMBOLE
Tradition und Moderne begegnen sich auf dieser Karte ...

SÄULEN

Die Säulen repräsentieren Herrschaft und Autorität. Doch sie sind weiß gestrichen, um Reinheit zu symbolisieren. Die Gerechtigkeit darf nicht durch Korruption, persönliche Rachegelüste und Gier beeinträchtigt werden. Die Gerechtigkeit ist die Säule, die unsere Gesellschaft aufrechterhält. Und wenn nichts anderes auf dieser Welt objektiv ist – die Gerechtigkeit muss es sein.

SCHLEIER

Wie bei der Hohepriesterin verweist auch dieser Schleier auf etwas Jenseitiges, das erreicht werden kann, wenn du dem Weg folgst, den diese Karte weist. Was wird die wahre Gerechtigkeit über unsere Gesellschaft und über dich selbst offenbaren?

ERSCHEINUNG

Die Gerechtigkeit des Tarot von Waite & Smith ist gekrönt und in ein Gewand der Autorität gekleidet. Doch diese Gerechtigkeit hat keine Krone. Ihre Kleidung ist leger. Ihr Haar – mit seinen lila gefärbten Spitzen – ist ein Symbol für Selbstausdruck und Gegenkultur. Diese Richterin repräsentiert nicht die Mächtigen, sondern das Volk. Als Woman of Colour ist sie im Justizsystem unterrepräsentiert.

SCHWERT

Die Gerechtigkeit hält nach dem Vorbild klassischer Darstellungen von

KORRES-PONDENZEN
Die Hohepriesterin.
Die Hierophantin

Justitia ein Schwert in der Hand. Doch im Tarot steht das Schwert für Luft, Logik und Gedanken. Vor allem muss die Gerechtigkeit reflektiert sein, sie muss in der Lage sein, einen Schritt zurückzutreten und eine Situation aus allen Blickwinkeln zu betrachten. Gesetze wurden aus einem bestimmten Grund gemacht, aber aus welchem Grund?

WAAGE

Dies Symbol ist ziemlich selbsterklärend: Die Waage steht für Gleichgewicht. Im Angesicht der wahren Gerechtigkeit müssen alle Menschen gleichbehandelt werden. Sind vor Gericht oder dem Gesetz alle gleich, oder ist die Waage der Gesellschaft zu Gunsten bestimmter Personen gekippt?

GLEICHHEITSZEICHEN

Auf der Brust der Gerechtigkeit ist ein Gleichheitszeichen zu sehen. Dieses Symbol ist das Logo der „Equal-Marriage"-Bewegung, die sich für die Legalisierung der gleichgeschlechtlichen Ehe einsetzt. Es erinnert daran, dass die Rechte aller Menschen gesetzlich verankert werden müssen,

WAS DAS BEDEUTET

Die Gerechtigkeit ist ein Aufruf, dich zu verändern. Sie plädiert für eine kompromisslose und nicht korrupte Moral (Säulen), für Fairness (Waage) und für eine objektive, logische Sichtweise (Schwert). Wenn du ihrem Weg folgst, kannst du unglaublich viel erreichen (Schleier). Sie fordert dich auf, für eine Gerechtigkeit zu kämpfen, die allen Menschen gerecht wird (Erscheinung). Und sie erinnert dich daran, dass du unterdrückende Systeme – auch wenn du sie gern niederreißen willst – von innen heraus zu mehr Gleichberechtigung bewegen musst (Gleichheitszeichen).

FARBCODE

Gebranntes Gelb, Weiß, Magenta, Rot, Gold, Cyan, Grau, Violett

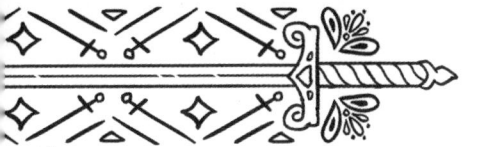

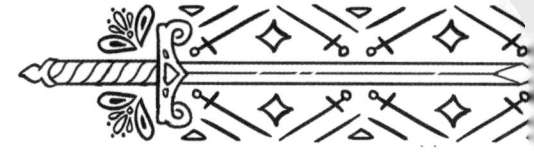

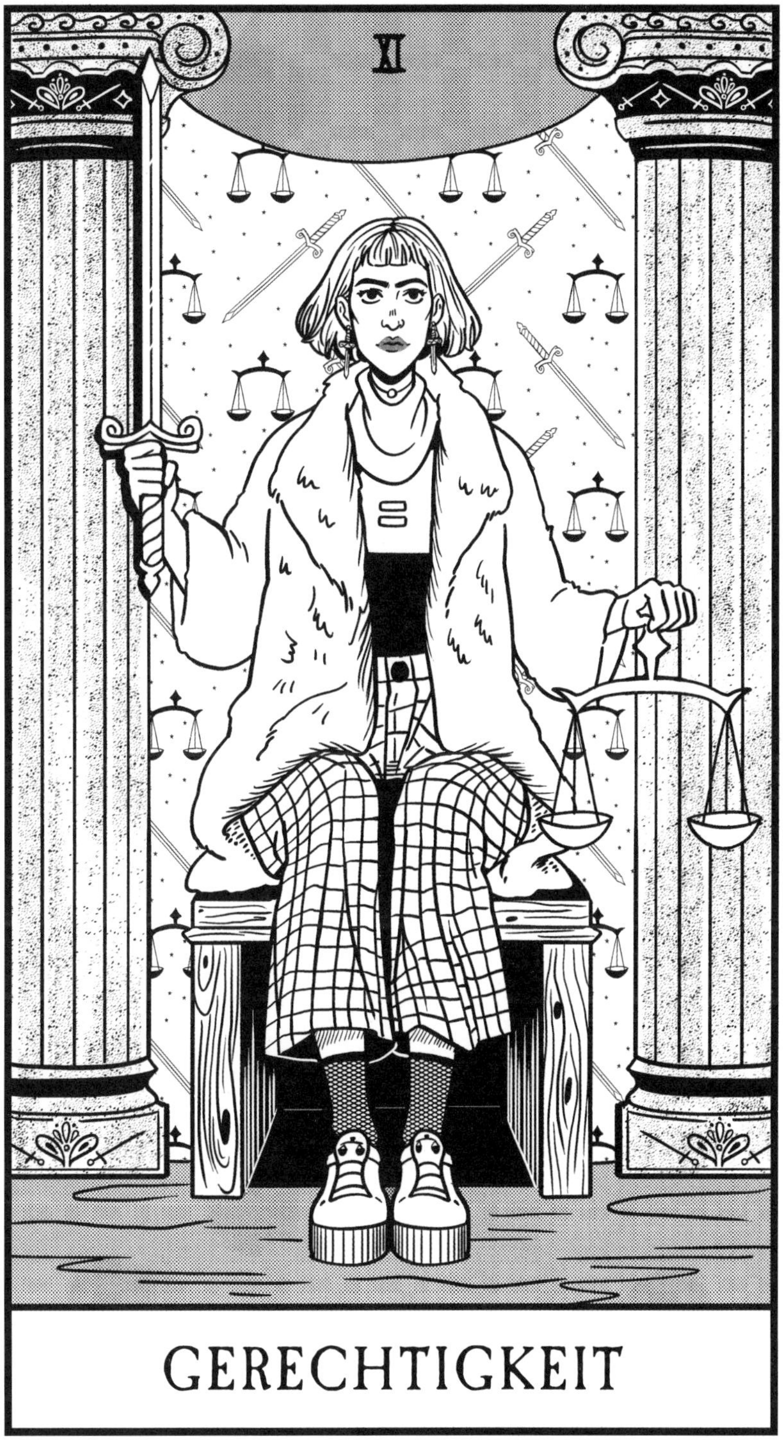
XI
GERECHTIGKEIT

DEINE GEDANKEN

Die Gerechtigkeit ermutigt dich dazu, für Reformen und Veränderungen innerhalb bestehender Systeme zu kämpfen und gleichzeitig deinen eigenen Lebensplan zu verfolgen. Optimismus und der Glaube an Moral können dir dabei helfen.

BIST DU MIT DER OFFIZIELLEN RECHTSSTAATLICHKEIT EINVERSTANDEN?

....

....

....

GIBT ES EREIGNISSE, DIE DICH DAZU GEBRACHT HABEN, DAS RECHTSSYSTEM ZU HINTERFRAGEN?

....

....

....

WAS BEDEUTET GERECHTIGKEIT FÜR DICH?

....

....

....

WENN DU EINE SACHE GESETZLICH VERANKERN KÖNNTEST, WAS WÄRE DAS?

....

....

....

TAROT-TIPP:
Die „Hohepriesterin" und die „Hierophantin" sind weitere Karten, auf denen Säulen zu sehen sind. Was haben diese Karten gemeinsam? Wie ergänzen sie sich, und wie unterscheiden sie sich von dem Tarot von Waite & Smith?

XII. DIE GEHÄNGTE

Manche Menschen bleiben immer in ihrer Komfortzone, doch andere haben keine Angst, Dinge zu tun, die von der Gesellschaft als unkonventionell oder seltsam angesehen werden. Du kannst viel gewinnen, wenn du deine persönlichen Grenzen überschreitest …

SYMBOLE
Selbst reduzierte Kartenbilder sind voller Bedeutungen…

BAUM

Der Baum ist fest in der Erde verwurzelt. Er ragt in den Himmel und zieht Energie hoch in seine Blätter. Durch sein Wurzelsystem ist der Baum Teil eines größeren Ganzen: Er ist die Welt, und die Welt ist der Baum. Die Gehängte verbindet sich mit dieser Energie, und ihr Schwebezustand wirkt fast spielerisch. Wann bist du das letzte Mal zum Spaß auf einen Baum geklettert? Wann hast du dich an seinen Stamm gelehnt, dem Spiel des Windes in den Ästen gelauscht und die raue Rinde auf deiner Haut gespürt?

HALTUNG

Obwohl sie kopfüber hängt, wirkt die Gehängte mit ihrem ange-winkelten Bein und hinter dem Rücken verschränk-ten Händen fast lässig. Zwischen Himmel und Erde schwebend, stellt die Gehängte eine Um-kehrung des geschlos-senen Energiekreislaufs der Magierin dar. Wäh-rend die Magierin aktiv wird, um etwas zu manifes-tieren, bleibt die Gehängte passiv und hält stattdessen inne. Sie repräsentiert die Selbsthingabe als Weg zur Erkenntnis. Sie stellt die Umkehrung der Erwartung dar.

GESICHTSAUSDRUCK

Obwohl ihr das Blut in den Kopf rauscht, hat die Gehängte ein leichtes Lächeln im Gesicht. Es ist ein Ausdruck der Gelassenheit – aber ihr direkter Blick auf dich spricht auch von Selbstbewusstsein und Wagemut. Es ist ihr egal, was andere von ihr erwarten. Sie hat et-was gefunden, das für sie funktioniert. So geht sie bis an ihre körperlichen Grenzen, verwan-delt sich und wächst dabei über sich hinaus.

HEILIGENSCHEIN

Der Kopf der Gehängten ist von einem Heili-genschein umgeben, der Lichtstrahlen nach außen strahlt. Sie hat sich in ihrer unbe-quemen Stellung entspannt und im Schmerz Glückseligkeit gefunden. Die Gehängte steht für die Idee der radikalen Akzeptanz – alles in der Welt ist so, wie es ist. Obwohl du auf Veränderung drängen kannst, hilft es nie-mandem, sich zu verweigern. Indem sie die Erwartungen unterwandert, hat die Ge-hängte eine andere Perspek-tive gefunden. Wie sieht die Welt aus, wenn sie auf dem Kopf steht? Ist sie aus dieser Sichtweise besser?

KORRES-PONDENZEN
Die Magierin,
Die Hierophantin,
Teufel

WAS DAS BEDEUTET

Menschen existieren nicht in einem Vakuum. Wir sind Teil des Lebens und daher Teil der Natur. Die Gehängte versteht das, sie gibt sich dem Kreislauf des Lebens hin und verbindet sich mit der unerklärlichen Energie, die das Universum durch-strömt (Baum). Weit entfernt von anderen Menschen hat sie ihr Ego aufgegeben und Erwartungen an sie untergraben (Haltung). Durch Unannehmlichkeiten hat sie Erleuchtung erlangt (Heiligenschein) – und ihre Selbstaufgabe ist nahezu glückselig (Gesichtsausdruck).

FARBCODE

Grau, Türkis, Rot, Pink, Hellblau, Braun, Orange und Gelb

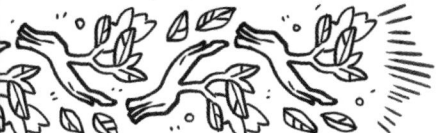

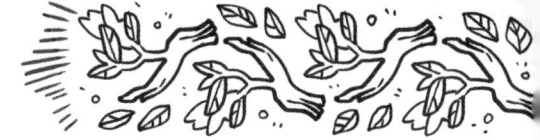

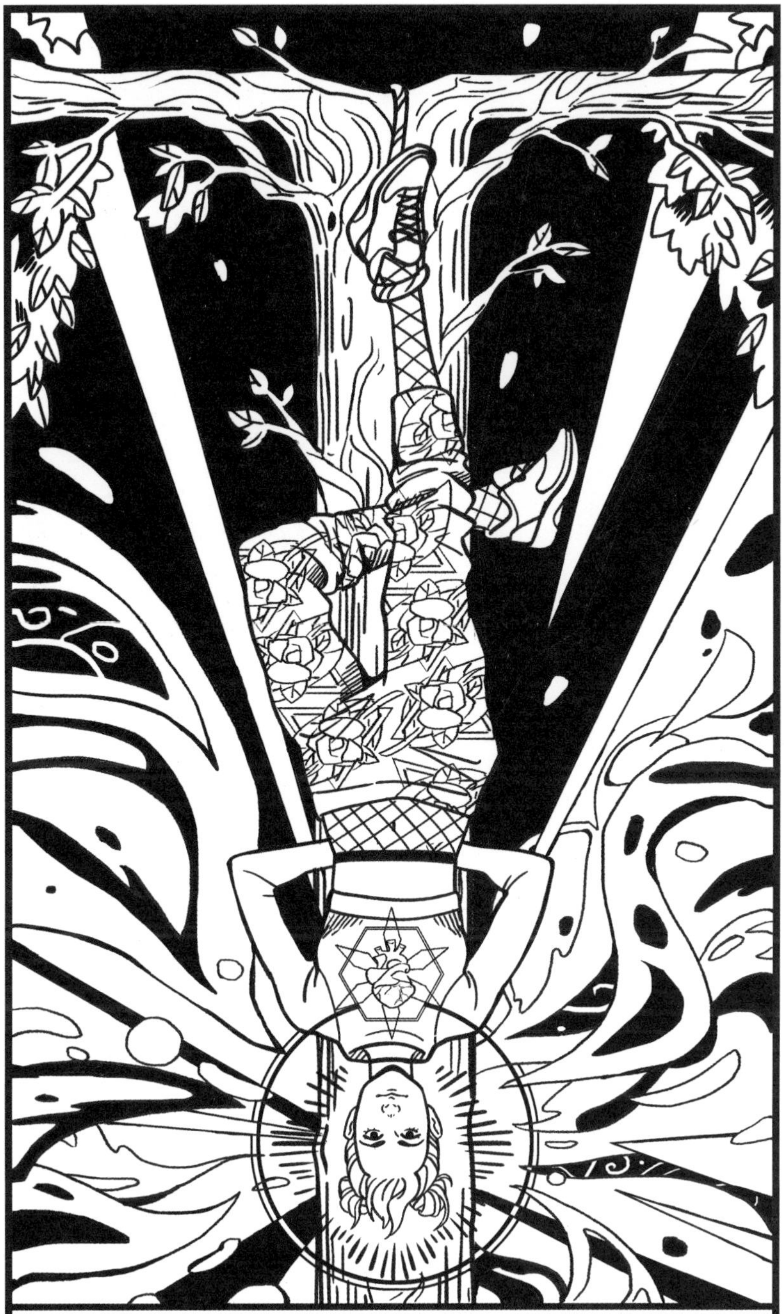

DIE GEHÄNGTE

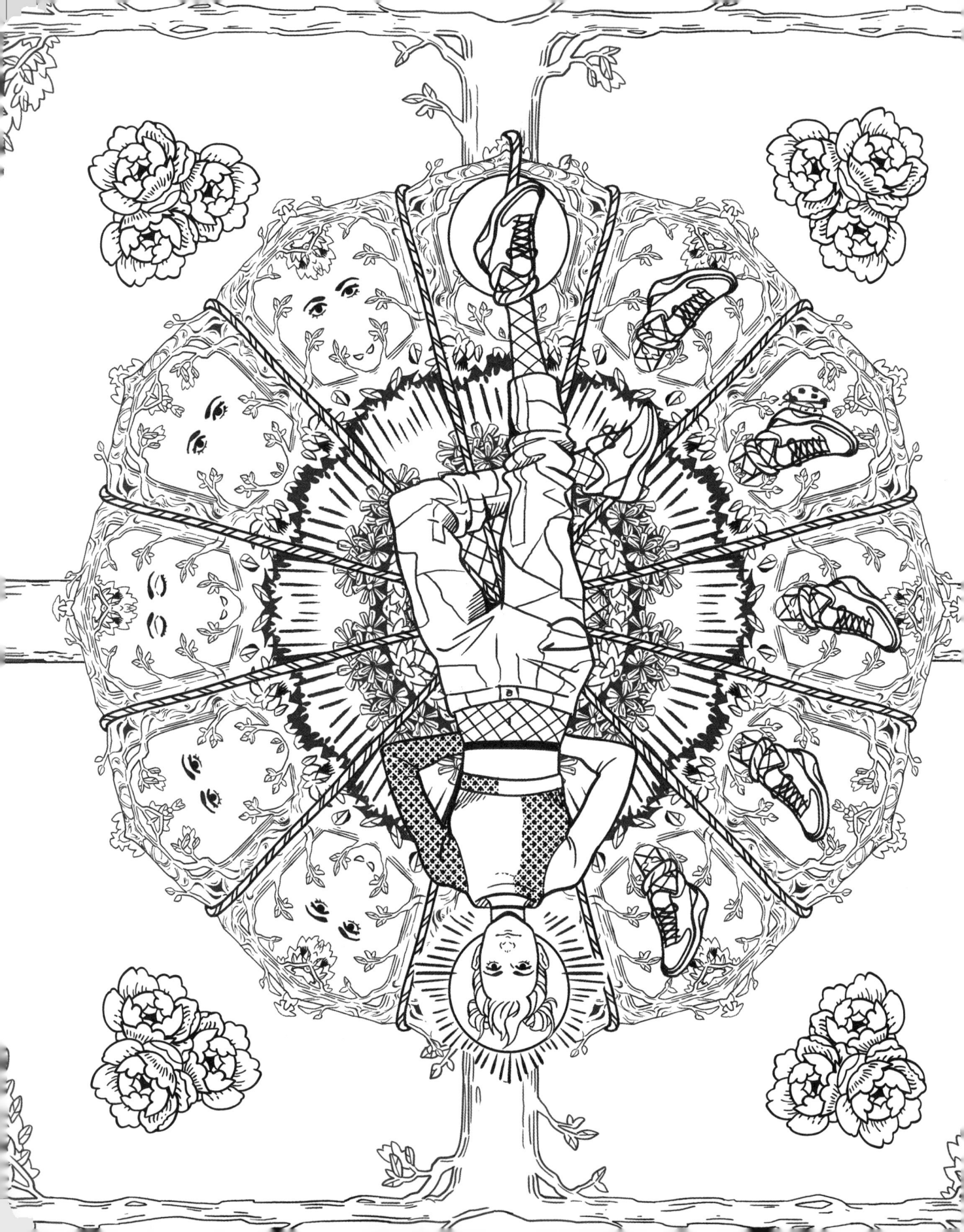

DEINE GEDANKEN

Bewusste Auszeiten zwingen uns, innezuhalten, nachzudenken und die Welt aus einer anderen Perspektive zu betrachten. Entschleunige. Atme. Lasse dich auf dein Unwohlsein ein und lerne daraus.

AUS WELCHER UNANGENEHMEN SITUATION HAST DU GELERNT?

....

....

....

WAS IST DAS ERSTE, WAS DIR IN DEN SINN KOMMT, WENN DU AN NICHTS ANDERES MEHR DENKST?

....

....

....

HÖRE AUF, DICH WEGEN DEM ZU SORGEN, WAS NOCH KOMMEN WIRD. WAS KANNST DU TUN, UM DEINE AKTUELLE SITUATION ZU VERBESSERN?

....

....

....

WANN HAST DU DICH DAS LETZTE MAL DEN ERWARTUNGEN WIDERSETZT, DIE JEMAND AN DICH GESTELLT HAT?

....

....

....

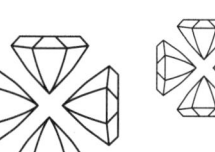

XIII. TOD

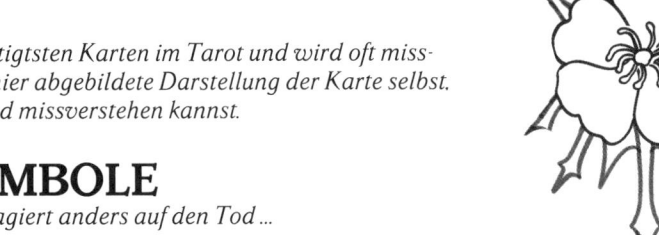

*Der „Tod" gilt als eine der berüchtigtsten Karten im Tarot und wird oft miss-
verstanden. Tatsächlich zeigt die hier abgebildete Darstellung der Karte selbst,
wie du den Tod missverstehen kannst.*

SYMBOLE
Jeder und jede reagiert anders auf den Tod ...

REITER

„Ich sah ein fahles Pferd und der darauf saß, dessen Name war Tod." Das in den Offenbarungen des Johannes in der Bibel beschriebene Bild des Todes hat sich durch die Jahrhunderte gehalten. So stellt das Tarot von Waite & Smith den todbringenden Reiter als Skelett dar. Auf den ersten Blick ist das auch hier der Fall – aber schau' noch einmal genau hin. Siehst du einen Totenkopf oder ein Totenkopf-Bandana? Genau wie die Gehängte kann der Tod Transformation verkörpern oder den Tod des Egos darstellen, der zur Enthüllung unseres wahren Selbst führt. Was verbirgt sich unter deiner Maske?

FLAGGE

Der Tod lässt eine schwarze Flagge flattern, düster und traurig – verziert mit einem weißen Magnolienmuster. Schwarz und Weiß sind Farben, die mit dem Nichts assoziiert werden: Schwarz absorbiert alles Licht, Weiß stößt es ab. Diese Farben bilden ein Vakuum und eine Grenze – genau wie der Tod selbst. Die Magnolie steht für Reinheit, Würde und Ewigkeit. Nichts ist so unveränderlich wie der Tod. Und genau wie die Magnolie wird das Leben immer wieder neu wachsen.

MENSCHEN

Der Tod ist nicht bedrohlich. Er reitet langsam vorwärts. Doch die Szene, die sich vor ihm abspielt, ist dramatisch. Jemand wird unter den Hufen des Pferdes zerquetscht und die junge Frau kann nicht hinsehen. Doch das Kind bietet dem Tod eine Blume an und die alte Frau schaut den Reiter direkt an. Die am Boden liegende Figur ist der König der Schwerter – selbst die strategischsten Könige sind sterblich. Jede Person steht für einen Aspekt davon, wie sich unser Verständnis des Todes im Laufe der Zeit verändert: von unschuldiger Naivität über Verleugnung bis hin zum Wunsch, den Tod zu bekämpfen, und schließlich zur Akzeptanz.

ENTFERNTES TOR

Ein Licht leuchtet in der Ferne hinter zwei Türmen, die ein Tor bilden. Fülle und Erleuchtung liegen gleich hinter deiner Wahrnehmung. Was musst du opfern, um dieses strahlende Licht zu erreichen?

FLUSS

Derselbe Fluss, der mit der Herrscherin zum Leben erwachte und die fortschrittliche Stadt des Herrschers bewässerte, ist durch den Tod breit und dunkel geworden. Er erinnert an den Fluss Styx in der griechischen Mythologie. Und das Boot befördert die Seelen in die Unterwelt ...

KORRES-PONDENZEN

Die Herrscherin,
Der Herrscher,
Wagen, König der
Schwerter, Gericht

WAS DAS BEDEUTET

Wir alle befinden uns auf dem Weg des Todes. Entweder stellen wir uns ihm und verwandeln uns oder wir werden bezwungen (Menschen). Die Verwandlung, das Fallenlassen unserer Masken kann bereits ein Sieg sein (Reiter), wenn wir verstehen, dass jeder Schritt vorwärts – ganz gleich auf welchem Weg – dasselbe Ziel hat (Fluss). Sobald wir akzeptieren, dass Leben und Tod ein endloser Kreislauf sind (Fahne), können wir einen Blick auf das erhaschen, was jenseits unserer Wahrnehmung liegt (entferntes Tor).

FARBCODE

Grau, Schwarz, Weiß, Braun, Gelb, Cyan

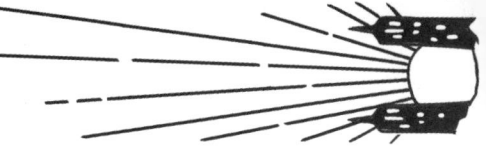

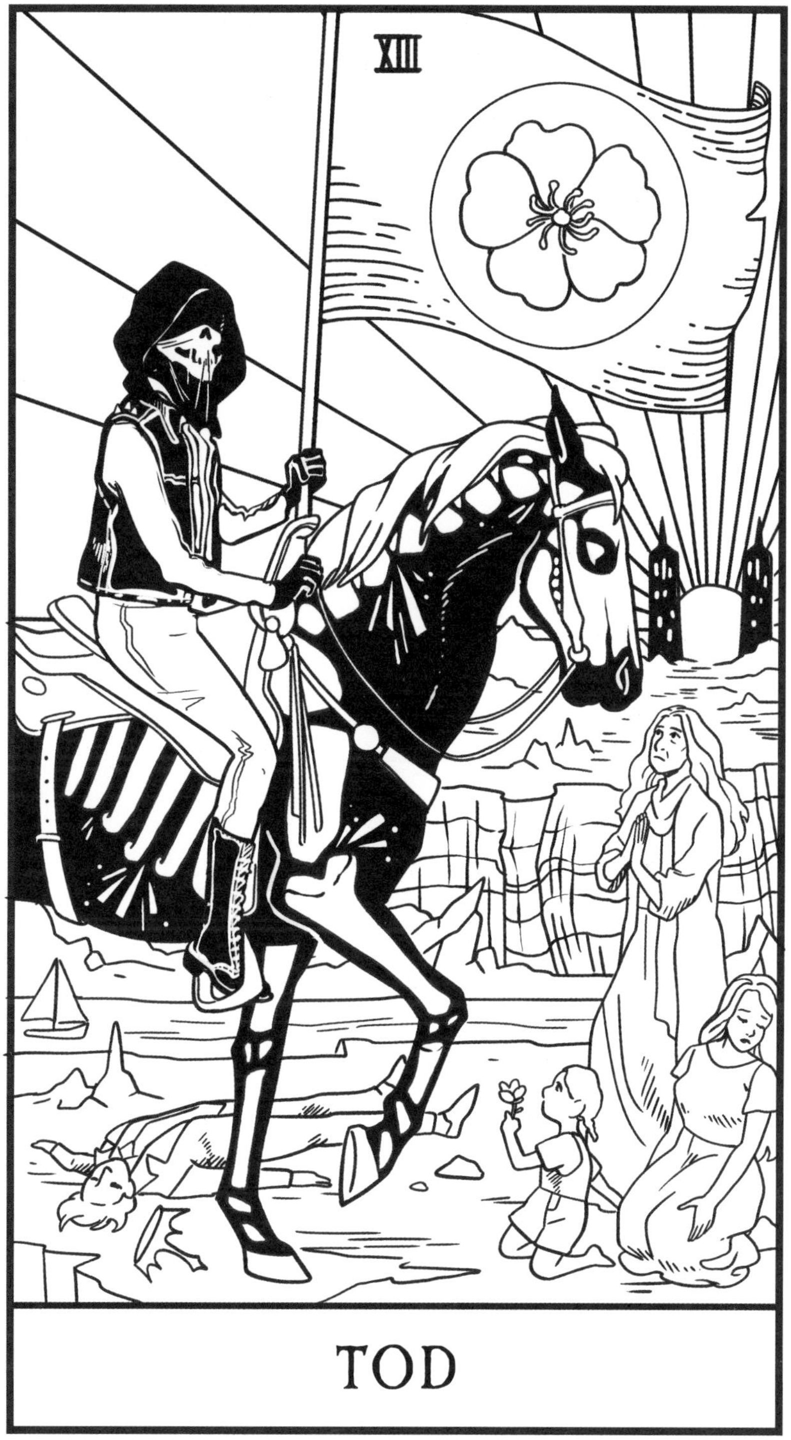

DEINE GEDANKEN

Der Tod kann die herausforderndste Tatsache sein, der du dich im Leben stellen musst. Aber ohne ihn könnte das Leben nicht existieren. Das zu akzeptieren, ist der erste Schritt. Wohin – das musst du noch herausfinden.

WELCHEN TEIL VON DIR, DEN DU LOSLASSEN SOLLTEST, HAST DU AM LEBEN GEHALTEN?

....

....

....

HAST DU JEMALS ETWAS ERLEBT, DAS DICH GLÜCKLICH DARÜBER GEMACHT HAT, ZU LEBEN?

....

....

....

MIT WELCHER DER PERSONEN AUF DEM TOD IDENTIFIZIERST DU DICH? WARUM?

....

....

....

GIBT ES ETWAS, FÜR DAS DU ALLES HINTER DIR LASSEN WÜRDEST?

....

....

....

TAROT-TIPP:
Der Todesreiter trägt dieselbe Lederjacke wie die Wagenlenkerin und ist daher das logische Ziel der ehrgeizigen Ambitionen des Wagens.

XIV. MÄSSIGKEIT

*Extreme bringen dich oft nicht weiter. Wir alle brauchen ein wenig Mäßigkeit –
eine angemessene Reaktion in der jeweiligen Situation. Welche Elemente deines
Lebens und deiner Selbst musst du ins Gleichgewicht bringen?*

SYMBOLE

*Ausgewogenheit ist der Schlüssel, aber in der Mäßigkeit steckt
auch Leidenschaft ...*

ENGEL

Alle Engel im Tarot haben rote Flügel – eine Erinnerung daran,
dass dir die Leidenschaft Flügel verleiht! Dieser Engel wird oft
mit Erzengel Michael, dem Beschützer des Himmels, gleichge-
setzt. Sie könnte aber auch die geflügelte griechische Göttin Iris
sein, die Botin der Götter. Iris reitet auf dem Regenbogen in die
Unterwelt hinab, um Wasser aus dem Fluss Styx, dem Fluss,
der zur Unterwelt führt, zu schöpfen.

REGENBOGENPULLI

Der Regenbogen wird nicht nur von Göttin
Iris beherrscht, er symbolisiert auch Er-
neuerung. Die Mäßigkeit steht für die Wie-
dergeburt, die durch den Tod eingeläutet
wurde. Durch die 1978 von Gilbert Baker
entworfene Pride-Flagge sind Regenbö-
gen zum Symbol der LGBT+-Community
geworden. Jede Farbe hat eine Bedeutung:
Rot steht für das Leben, Gelb für die Sonne, Türkis für die Kunst und Violett für Spiritualität. Die Mäßigkeit ermutigt dich dazu,
Grenzen zu überwinden, deine innere Wahrheit zu finden und dich nicht zu isolieren.

DREIECK

Das Dreieck ist das alchemistische Symbol für Feuer, das mit dem
Schützen verbunden ist. Das feurige Tierkreiszeichen herrscht
über diese Karte. Eingerahmt von einem Quadrat steht das Dreieck für Selbstverwirklichung innerhalb der Grenzen der Realität
oder der Gesellschaft. Sobald du das erreicht hast, kannst du beginnen, dich als Teil eines größeren Ganzen zu sehen.

KELCHE

Die Mäßigkeit schüttet Wasser von einem Kelch in einen anderen, eine diagonale Bewegung, die den Gesetzen der Physik
widerspricht und somit magisch ist. Die Kelche stehen für die
Dualität des Lebens, für das Bewusstsein und das Unterbewusstsein. Im Tarot stehen die Kelche für das emotionale Innenleben
und für Beziehungen. Das Wasser verbindet sie und steht für
die Harmonie scheinbar ungleicher Welten.

SONNENBLUMEN

Sonnenblumen stehen für Freude, Leben und
Manifestation. Sie spiegeln auch die Sonne
wider, die zwischen den beiden Berggip-
feln aufgeht.

TEICH

Dieser Teich ist die Quelle des Bewusstseins. Ähnliche Gewässer erscheinen auch
auf den Karten „Stern" und „Mond". Die Mäßigkeit steht mit einem Fuß im Wasser und
mit dem anderen auf dem Ufer: Sie verbindet
Ideen und Verwirklichung – die abstrakte und
die praktische Welt.

PFAD ZU DEN BERGEN

Ein Pfad führt vom Teich zu den Bergen in der Ferne. Die Zwil-
lingsgipfel spiegeln die Zwillingssäulen wider, die auf den Karten „Hohepriesterin", „Hierophantin" und „Gerechtigkeit" abgebildet sind. Wie schon das Tor auf der Karte „Tod" führt dieser
Weg zur Erleuchtung, symbolisiert durch die Sonne im Hintergrund.

KORRES-
PONDENZEN

Tod, Stern, Mond,
Die Hohepriesterin,
Gerechtigkeit,
Die Hierophantin

WAS DAS BEDEUTET

Beflügelt vom Feuer ihrer Leidenschaft (Engel),
ermutigt dich die Mäßigkeit, deine Reaktionen
an die jeweilige Situation anzupassen und das Leben zu nehmen, wie es kommt. Dies ist möglich,
wenn wir innere Harmonie erreicht (Dreieck)
und die Dualitäten in uns selbst ausgeglichen
(Kelche, Teich) haben. Dann können wir unsere
Wahrheiten leben (Regenbogenpulli) und uns auf
den Weg zur Erleuchtung (Pfad zu den Bergen)
und zum Glück (Sonnenblumen) machen.

FARBCODE
Grau, Rot, Eisblau, Mintgrün, Gelb, Azurblau, Gold, Violett, Schwarz

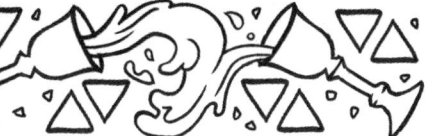

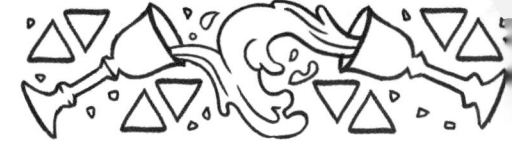

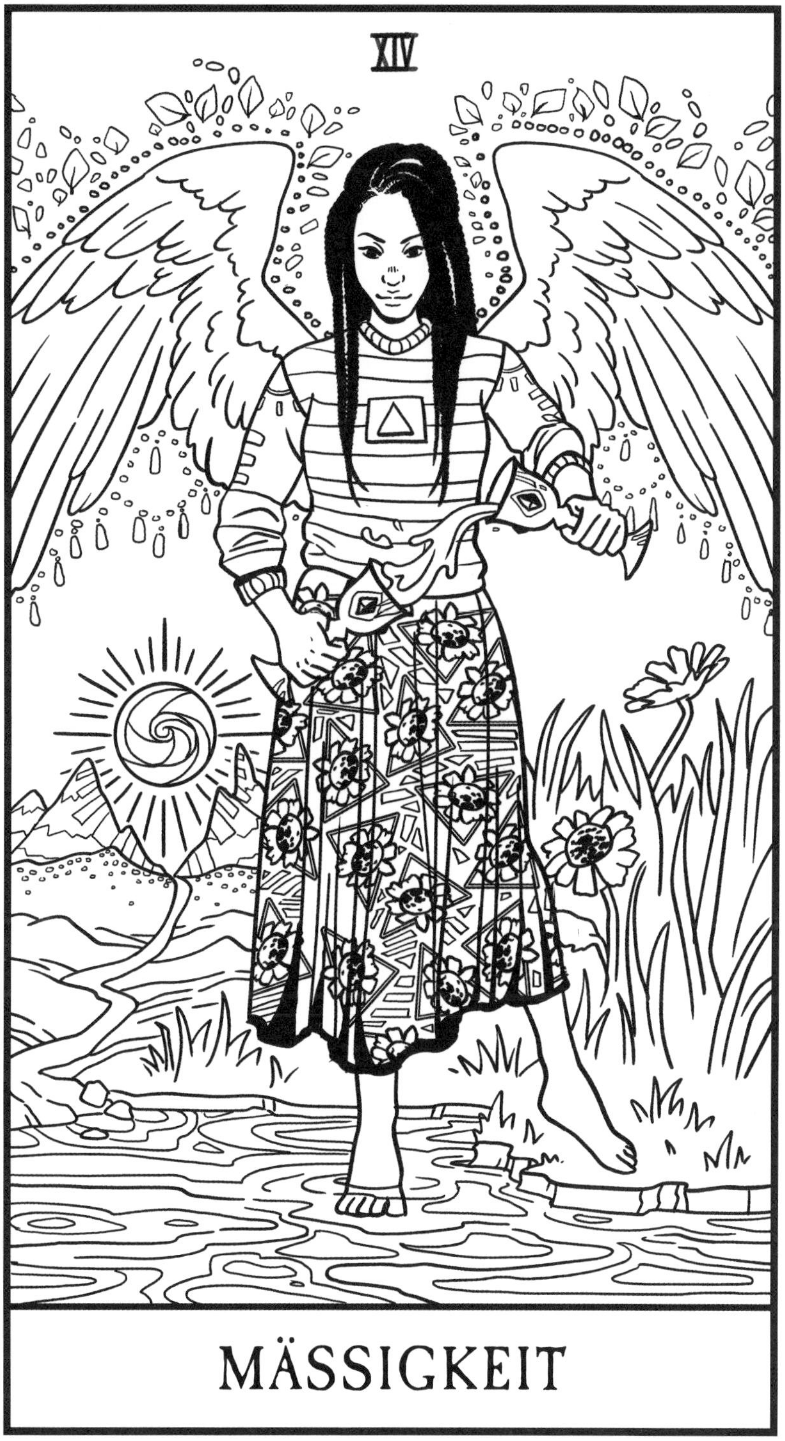
XIV
MÄSSIGKEIT

DEINE GEDANKEN

Das Leben ist voll von Spaltung und falscher Gegensätze. Die Mäßigkeit fordert dich auf, dich darüber hinwegzusetzen. Was kannst du über dich selbst entdecken, wenn du das tust?

WELCHE ASPEKTE DEINES SELBST WÜRDEST DU IN DIE FARBEN DES REGENBOGENS HINEIN MALEN?

....

....

....

ZEIGST DU IN VERSCHIEDENEN SITUATIONEN UNTERSCHIEDLICHE GESICHTER?

....

....

....

WELCHER TEIL DEINER IDENTITÄT WURDE AUSSERHALB GESELLSCHAFTLICHER NORMEN GEFORMT?

....

....

....

HAST DU DAS GEFÜHL, DASS ZWISCHEN DEINEM LOGISCHEN UND DEINEM LEIDENSCHAFTLICHEN ICH EINE TRENNUNG BESTEHT?

....

....

....

TAROT-TIPP:
Im Tarot sind drei Engel abgebildet. Was ist ihnen allen gemein? Und worin unterscheiden sie sich?

XV. TEUFEL

Der Teufel ermutigt dich dazu, gegen Autoritäten zu rebellieren, deinen Begierden nachzugeben und dich selbst zu verwöhnen. Findest du das nicht auch verlockend?

SYMBOLE
Natürlich ist zu viel Genuss manchmal ungesund ...

TEUFEL
Der Teufel, hier in der Gestalt des Baphomet, ist der knallharte Bilderstürmer, aber auch der kompromisslose Unterdrücker. Der von den Templern verehrte Baphomet ist eine androgyne Gottheit, die gegensätzliche Polaritäten verkörpert: männlich und weiblich, Mensch und Tier.

UMGEKEHRTES PENTAGRAMM
Das Pentagramm ist ein Schutzsymbol. Auf dem Kopf stehend kann dieser fünfzackige Stern verborgenes Wissen und dunkle Magie darstellen. Vor allem aber stellt es das Materielle über das Spirituelle. Jede Spitze des Pentagramms steht für eines der vier Elemente. Beim aufrechten Pentagramm steht die oberste Spitze für Spiritualität und symbolisiert die Überlegenheit des Geistes über die Materie. Das umgedrehte Pentagramm hingegen stellt die Materie über alles andere.

HANDGESTE
Die Handgeste des Teufels – eine Hand in die Höhe und die andere auf den Boden gerichtet – spiegelt die der Magierin wider. Die rechte Hand des Teufels ist in einer jüdischen Segensgeste erhoben. Normalerweise wird diese mit beiden durch die Daumen verbundenen Hände ausgeführt. Sie steht für „Shin", den ersten hebräischen Buchstaben des Namen Gottes. Der Teufel verwendet für sie nur eine Hand und macht den Segen so unvollständig und irreführend.

FACKEL
Der Teufel richtet seine Fackel auf den Boden – eine weitere Anspielung auf die Magierin. Doch wenn du die Fackel verkehrtherum hältst, brennt sie nach oben und verbrennt dir deine Hand. Dies stellt eine Warnung vor der Art von Materialisierung dar, zu der uns der Teufel verleitet – das Materielle dem Spirituellen vorzuziehen, könnte auf lange Sicht schädlich sein.

MENSCHEN
Zwei Menschen stehen vor dem Teufel und spiegeln sowohl die Liebenden als auch die Schüler*innen der Hierophantin wider. Ihre Reise zu tieferen Erkenntnissen hat sie immer weiter nach unten geführt, in den Bauch der Bestie. Der Teufel lädt sie dazu ein, sich etwas zu gönnen. Schließlich brauchen wir alle ab und zu ein wenig Entspannung. Aber was wird passieren, wenn sie sich zu lange hier aufhalten?

KETTEN
Die Menschen sind mit Ketten an das Podest des Teufels gebunden. Sie sind gefangen – aber die Schlaufen um ihre Köpfe herum sind breit genug, um leicht hindurchzuschlüpfen. Die Ketten, die dich binden, mögen einengend wirken, aber du kannst ihnen leichter entrinnen, als du denkst.

SCHWARZER HINTERGRUND
Nur sehr wenige Karten in diesem Deck haben einen schwarzen Hintergrund. „Die Liebenden", „Turm" und „Mond" zeigen eine sternenklare Nachtlandschaft, während die Wände der Eremitin ganz in Schwarz gehalten sind. (In diesem Buch haben auch das „Rad des Schicksals" und „Die Gehängte" einen schwarzen Hintergrund). All diese Karten zeigen an, dass du aus der alltäglichen Welt in ein anderes Reich versetzt wirst – genauer gesagt, an einen Ort, an dem du geheimes Wissen erlangen kannst. Die Teufelskarte hat den schwärzesten Hintergrund von allen. Sie stellt die tiefste Tiefe der Anderswelt dar, faszinierend und gefährlich zugleich.

WAS DAS BEDEUTET
Der Teufel führt dich (Menschen) immer tiefer in Versuchung (schwarzer Hintergrund), doch das Leben besteht aus Licht und Dunkelheit, und manchmal kann das Hinterfragen dessen, was du zu wissen glaubst, zu verborgenen Wahrheiten führen (Teufel). Dennoch lassen wir uns leicht vom Genuss und von Versuchungen in die Irre führen (Handgeste, Fackel), und manchmal sind die Ketten, die uns unterdrücken, viel leichter zu brechen, als wir denken (Ketten)...

KORRES-PONDENZEN
Die Magierin, Der Herrscher, Die Hierophantin, Die Liebenden, Mond, Turm, Eremitin

FARBCODE
Schwarz, Grau, gebranntes Orange,
Braun, Gelb, Pink.

TEUFEL

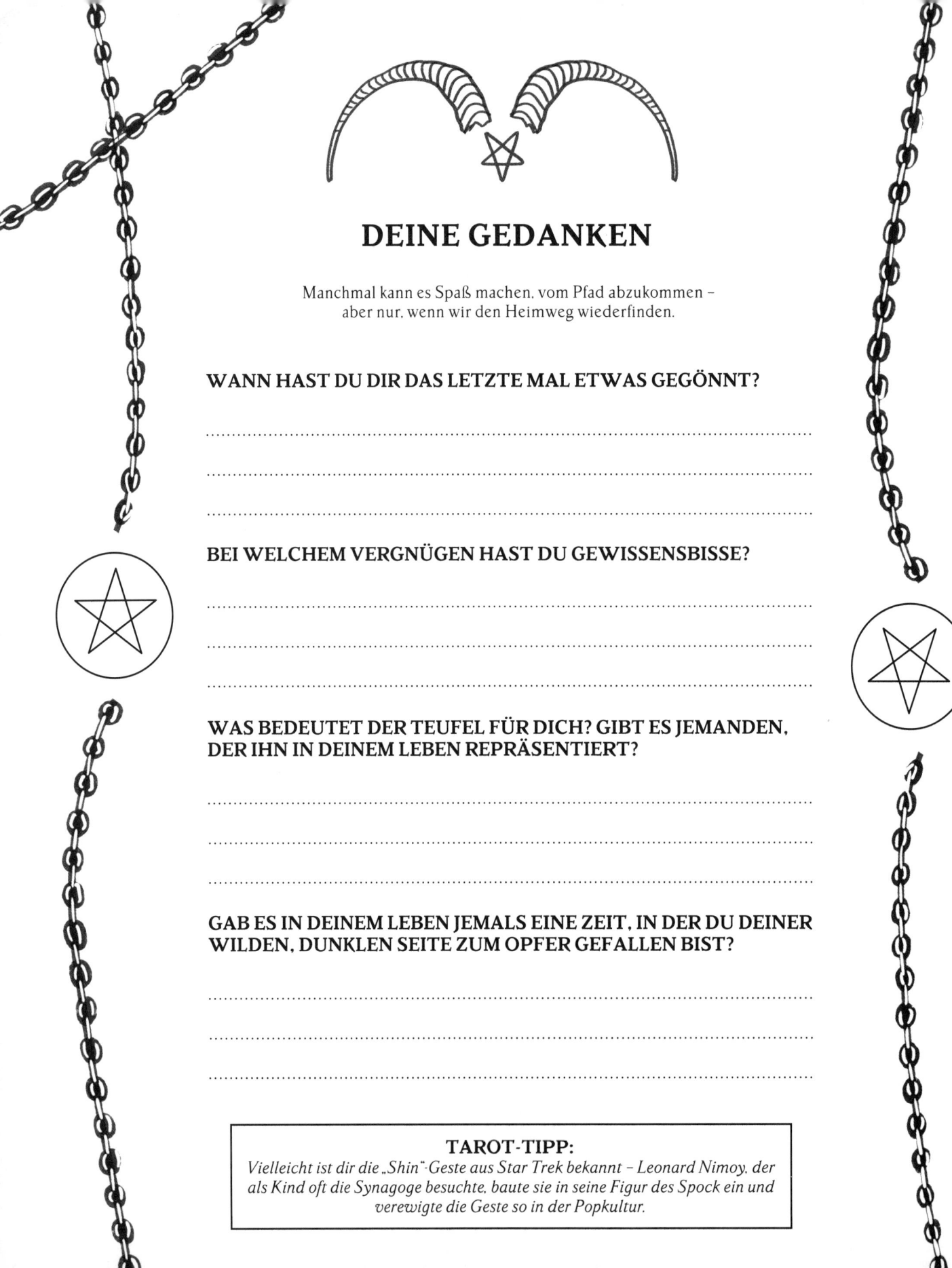

DEINE GEDANKEN

Manchmal kann es Spaß machen, vom Pfad abzukommen –
aber nur, wenn wir den Heimweg wiederfinden.

WANN HAST DU DIR DAS LETZTE MAL ETWAS GEGÖNNT?

....

....

....

BEI WELCHEM VERGNÜGEN HAST DU GEWISSENSBISSE?

....

....

....

WAS BEDEUTET DER TEUFEL FÜR DICH? GIBT ES JEMANDEN, DER IHN IN DEINEM LEBEN REPRÄSENTIERT?

....

....

....

GAB ES IN DEINEM LEBEN JEMALS EINE ZEIT, IN DER DU DEINER WILDEN, DUNKLEN SEITE ZUM OPFER GEFALLEN BIST?

....

....

....

TAROT-TIPP:
Vielleicht ist dir die „Shin"-Geste aus Star Trek bekannt – Leonard Nimoy, der als Kind oft die Synagoge besuchte, baute sie in seine Figur des Spock ein und verewigte die Geste so in der Popkultur.

XVI. TURM

Umwälzung. Veränderung. Der Turm ist die am meisten gefürchtete Karte in jedem Reading. Was wird passieren, wenn die Mauern fallen?

SYMBOLE

Alles, was du aufgebaut hast, kann in einem Augenblick weg sein ...

TURM

Wir klammern uns an den Turm, an Ego und Autorität. Aber der Turm ist ein Gefängnis: Das Bewusstsein unterdrückt das Unterbewusstsein. Er ist die Teufelsfalle des Materialismus. Der Turm kann sogar in unseren Köpfen existieren und die Lügen aufrechterhalten, die wir uns selbst erzählen. Manchmal ist es der einzige Weg in die Freiheit, ihn zum Einsturz zu bringen ...

BLITZ

Was also bewirkt die Zerstörung des Turms? Der Blitz ist Lebensenergie, Inspiration, Offenbarung – der Katalysator, der Veränderungen entzündet. Unverhüllte und entfesselte Wahrheit ist von Natur aus zerstörerisch. Nicht alles kann sie überleben. Aber alles sollte es auch nicht. Das Wichtigste ist das, was übrigbleibt, wenn der Himmel sich lichtet.

KRONE

Die Unwissenheit krönt sich selbst. Das ist das Erste, was vom Blitz gestürzt wird: falsche Herrscher, die durch Inspirationen zu Fall gebracht werden. Die Bequemlichkeit, die der Materialismus schafft, kann modern wirken. Er beruht auf der arroganten Annahme, dass alles, was wir im Leben brauchen, Objekte sind. Aber es gibt so vieles mehr.

MENSCHEN

Veränderung ist nicht einfach. Der Turm ist die Sollbruchstelle, an der aufgestauter Druck explodiert. So vieles in unserem Leben ist auf den Fundamenten des Turms aufgebaut. Wenn sich etwas verändert, kann das schmerzhaft sein. Wir werden in das wenige, das übrigbleibt, hinausgestoßen und gezwungen, alles neu aufzubauen. Wirst du an den Felsen zerschellen oder beflügelt werden?

SPTIZE FELSEN

Die Felsen unter dem Turm sehen bedrohlich aus, aber sie sind aus demselben magischen Material wie die im Reich der Herrscherin. Die Kraft hat ihre Dämonen besiegt und die Felsen durchschritten. Finde diese Kraft in dir selbst und du wirst überleben.

WAS DAS BEDEUTET

Der Turm ist der Schleier zwischen den grenzenlosen Möglichkeiten der Existenz und dem Materialismus, der uns zurückhält (Turm). Das Einreißen dieses Schleiers kann schmerzhaft sein und es ist schwer, sich davon zu erholen (Menschen), aber das, was übrigbleibt, ist magisch (Kristallfelsen). Nutze diese Energie, finde heraus, was du überwinden musst (Krone), und öffne dich für die Wahrheit des Universums (Blitz).

KORRESPONDENZEN

Die Magierin,
Die Herrscherin,
Die Hohepriesterin,
Kraft, Mäßigkeit, Die
Liebenden, Teufel

FARBCODE

Grau, Gelb, Schwarz, Rot, gebranntes Orange, Cyan, Aquamarin, Indigo, Gold.

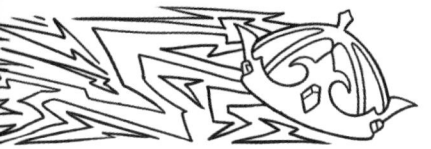

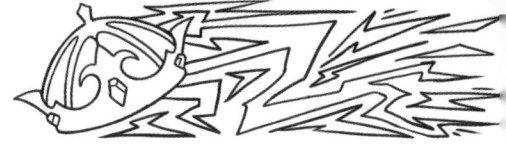

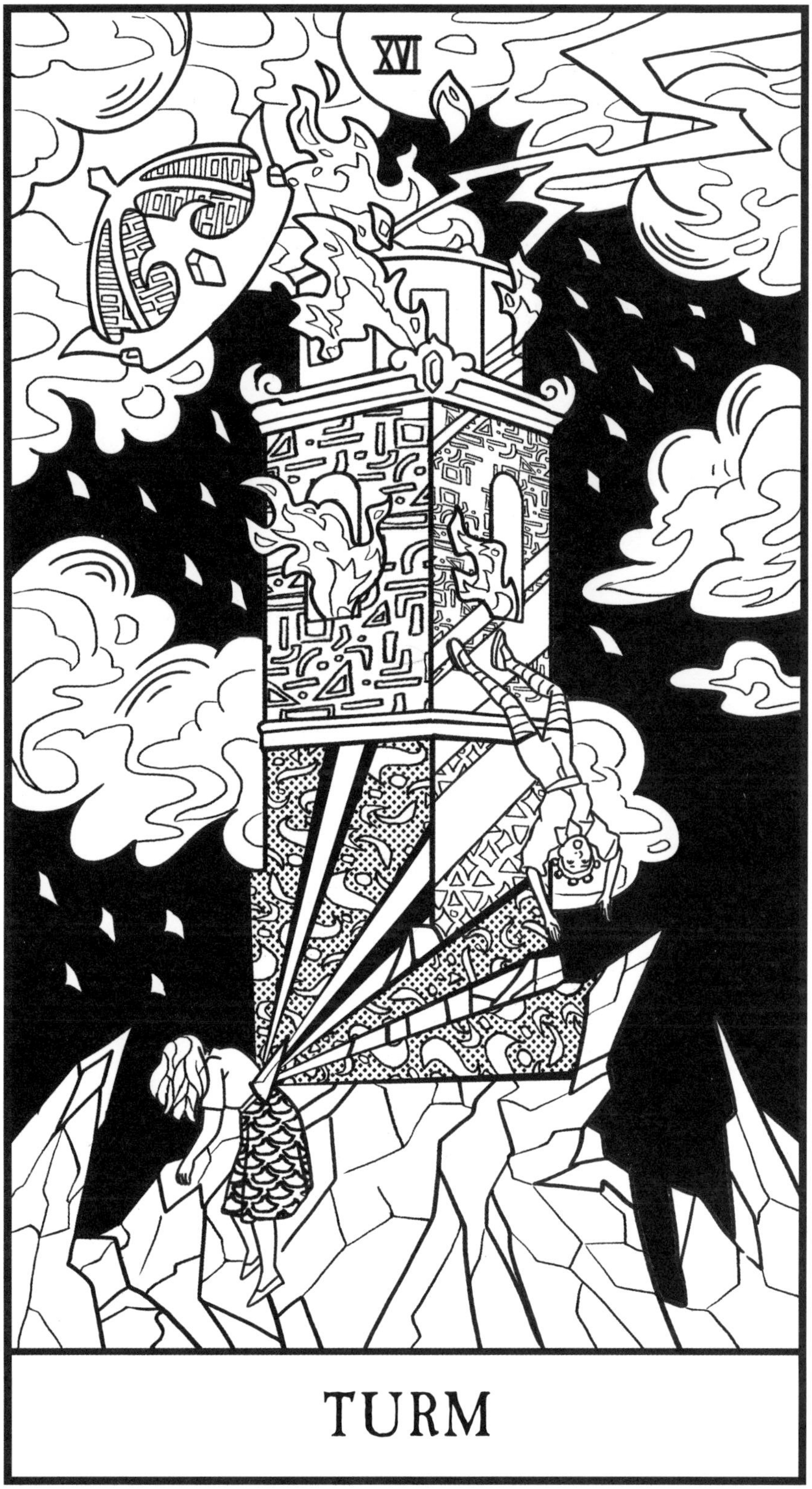

DEINE GEDANKEN

Beim Turm geht es nicht nur um Veränderung – es geht um ein Konstrukt, das in sich zusammenfällt. Fortschritt kann schmerzhaft sein, aber er ist es immer wert.

GIBT ES ETWAS, DAS DICH VON DEINEN VORSTELLUNGEN ABHÄLT?

....

....

....

GAB ES EINE ZEIT IN DEINEM LEBEN, IN DER DU DICH GEGEN VERÄNDERUNGEN GEWEHRT HAST, VON DENEN DU WUSSTEST, DASS SIE KOMMEN WÜRDEN?

....

....

....

TAROT-TIPP:
Jede Tarotkarte ist eine Summe der vorherigen Karten. Der Turm ist der Schleier der Hohepriesterin, der uns von der Weisheit trennt. Der Blitz ist die Energie, die die Magierin hervorruft. Die Menschen erinnern uns an die Liebenden. Wo sonst tauchen diese Symbole auf?

WELCHE MAUERN HAST DU IN DEINEM KOPF ERRICHTET? WIE KANNST DU SIE EINREISSEN?

....

....

....

WELCHE FREIHEITEN HAST DU DURCH FRÜHERE TURMMOMENTE IN DEINEM LEBEN ERLANGT?

....

....

....

XVII. STERN

Du hast den Sturm des Turms überstanden. Im Garten des Sterns ist nun alles ruhig.
Was kannst du erschaffen, wenn sich die Wolken verzogen haben?

SYMBOLE
Ruhe dich hier eine Weile aus ...

ACHTZACKIGER STERN

Die Szene wird von einem acht-zackigen Stern erleuchtet, der an einen Kompass und das „Rad des Schicksals" erinnert. Alle Wege führen hierher. Sie werden dich noch weiterführen, aber im Moment kannst du dich im Licht des Sterns baden.

SIEBEN STERNE

Um den Hauptstern herum befinden sich sieben weitere Sterne, jeder mit acht Zacken. Sie sind die Energiepunkte des Universums: die sieben Chakren, die sieben Planeten jenseits der Erde – die Plejaden.

REIHER

Ein weißer Reiher erhebt sich in die Lüfte. Als Symbol für kreatives Potenzial sitzt der Reiher des Tarot von Waite & Smith ruhig, still und unbeweglich auf einem Baum. Aber hier schwingt er sich in die Lüfte, reine Kreativität in Aktion.

ÜPPIGE LANDSCHAFT

Hier siehst du, was nach dem Fall des Turms übriggeblieben ist. Es ist wunderschön. Rund um den Teich wächst grüne Natur, voller Leben und Potenzial. Wie bei der Mäßigkeit steht auch hier die Landschaft für die physische Welt – für das Leben, das sich endlos selbst erschafft.

TEICH

Die Quelle des Universums befindet sich hier im göttlichen Unbewussten des Teichs. Der Turm hat den Schleier zum Einsturz gebracht, damit dir diese unbewusste Wahrheit zugänglich wird und du spirituelle Energie sammeln kannst, um sie zu materialisieren. Die Sternenfrau steht mit einem Fuß in jeder Welt und schafft eine Brücke zwischen dem göttlichen Unbewussten des Teichs und der physischen Realität des Gartens.

KRÜGE

Die Frau schüttet ihr Wasser in den Teich und auf den Boden. Sie weiß, dass es wieder aufgefüllt werden wird. Sie nimmt am Geben und Nehmen des Universums teil und ist voll und ganz mit dem Kreislauf der Energie verbunden. Anders als die Mäßigkeit kontrolliert sie das Gleichgewicht nicht und spart ihre eigene Energie nicht auf.

NACKTHEIT

Jetzt, da die Mauern gefallen sind, gibt es keine Regeln mehr. Von nun an ist jede menschliche Figur im Tarot (mit Ausnahme des Kindes auf der Sonne) nackt. Sie haben nichts mehr zu verbergen und schämen sich nicht ihres natürlichen Zustandes.

BODY POSITIVITY

Die Sternenfrau wird meistens ohne Körperbehaarung dargestellt. Das ist selbstverständlich nicht der natürliche Zustand des Körpers. Diese Frau ist mit sich und der Natur im Reinen und hat ihre Haare nicht entfernt. Diese Form der Body-Positivity ist sehr wichtig für die Karte.

WAS DAS BEDEUTET

Die Mauern sind gefallen und vor dir liegt, was übrigbleibt. Diese Landschaft ist voller kosmischer Energie (achtzackiger Stern, sieben Sterne) und natürlicher Schönheit (üppige Landschaft). Es ist ein Ort, an dem du dich ausruhen, erholen und deiner Kreativität freien Lauf lassen kannst (Reiher). Es gibt keine Barriere mehr zwischen bewusster und unbewusster Spiritualität. Du kannst am Fluss der Lebensenergie teilnehmen (Teich, Krüge). Das ist dein entspanntes Selbst: freudig und authentisch, ohne die Notwendigkeit der Verstellung oder sozialer Zwänge (Nacktheit, Body-Positivity).

KORRES-PONDENZEN
Turm, Die Hohepriesterin, Die Herrscherin, Rad des Schicksals

FARBCODE

Hellblau, Gelb, Weiß, Aquamarin, Hellgrün, Rot, Schwarz, Pink

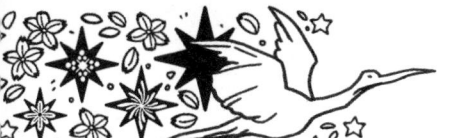

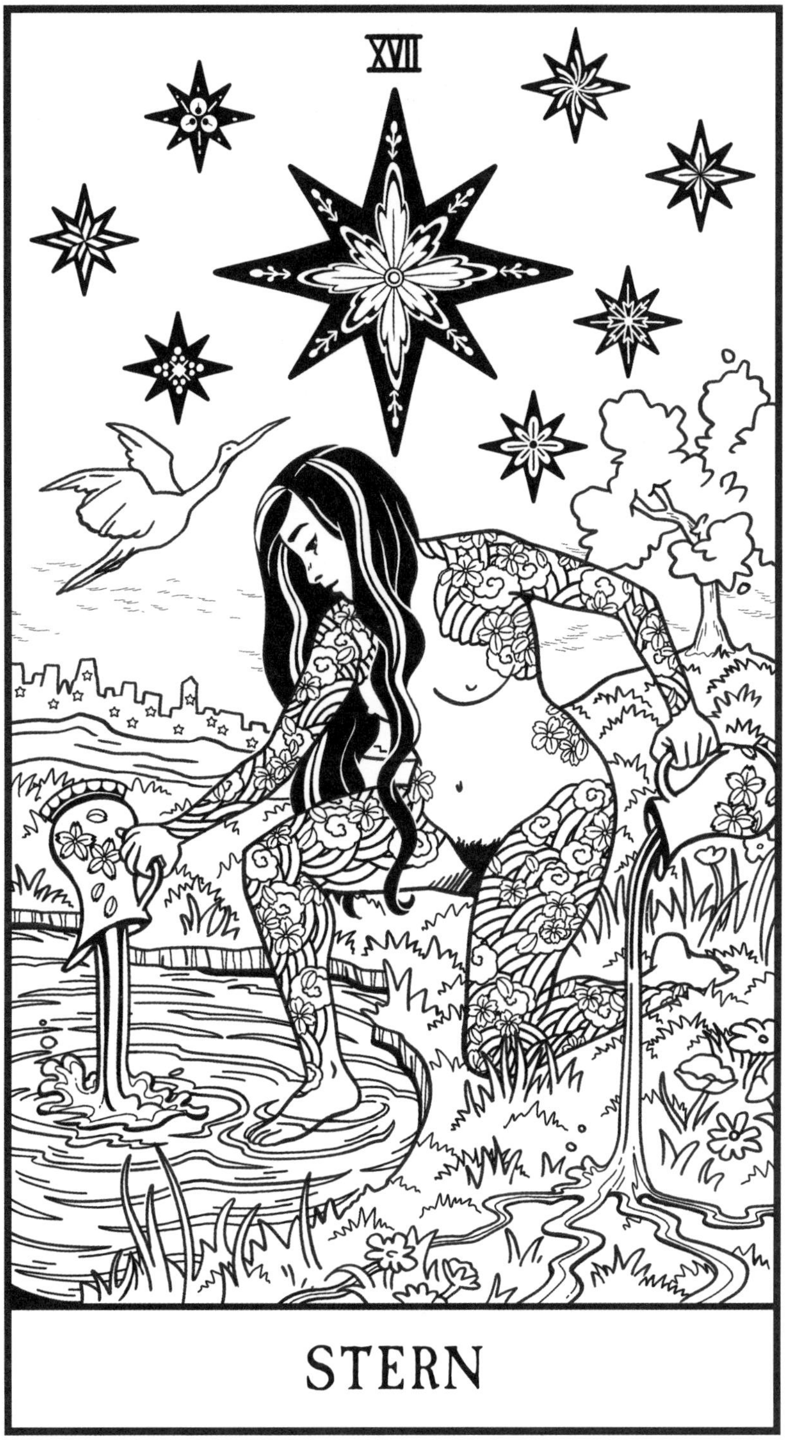

DEINE GEDANKEN

Es ist Zeit, zu heilen. Atme durch, nimm dir einen Moment Zeit. Nimm dir einen ganzen Tag! Nach großen Veränderungen können große Dinge erschaffen werden – aber du musst dich erst einmal ausruhen.

WAS ERHOFFST DU DIR FÜR DIE ZUKUNFT?

....

....

....

WAS GENIESST DU AN DIESEM MOMENT?

....

....

....

IN WELCHEN MOMENTEN FÜHLST DU DICH AM STÄRKSTEN MIT DER ENERGIE DES UNIVERSUMS VERBUNDEN?

....

....

....

WAS BRAUCHST DU, DAMIT DU DICH VOLLSTÄNDIG FÜHLST?

....

....

....

TAROT-TIPP:
Denke an die Orte auf jeder Karte. Zeichne eine Landkarte vor deinem geistigen Auge – welche Karten befinden sich in der Stadt, welche auf dem Lande? Und wie beeinflusst der Ort der Karte ihre Bedeutung?

XVIII. MOND

Tauche ein in den Teich, jage diesem Traum nach. Jetzt, da die Nacht hereingebrochen ist, kommen alle wilden Wesen zum Spielen heraus ...

SYMBOLE
Was wirst du entdecken, wenn du deine wilde Seite entfesselst?

MOND

Der Mond, der vom Licht der Sonne beleuchtet wird, ist seit Langem ein Symbol für den unbewussten, schlafenden Geist. Verkörpert durch das schlummernde Gesicht, beleuchtet der Mond eine urzeitliche Landschaft und zieht seine Anhänger*innen wie die Flut vorwärts. Verborgene Winkel der Seele werden freigelegt, und seltsame, mythische Gestalten spielen im Mondlicht ...

MASKEN

In die Wildnis stürzen sich zwei Menschen, nackt bis auf die Masken auf ihren Gesichtern: eine Maske ist die eines Hundes, die andere die eines Wolfs. Beide fühlen sich dazu verpflichtet, den Mond anzuheulen, doch während die eine Person von der Zivilisation gezähmt und verändert wurde, ist die andere noch immer wild. Das Aufsetzen der Masken erlaubt es den beiden, ihre tierischen Instinkte anzunehmen und zu vergessen, dass sie Menschen sind, wenn auch nur für eine Nacht.

HÖHLE

Der Weg vor ihnen führt in die Berge, tiefer und tiefer in den Traum. Es ist ein Weg der Wandlung, aber die Dunkelheit der Höhle verbirgt ihre wahre Natur. Sie symbolisiert den letzten Teil von dir, den du noch nicht entschlüsselt hast. Niemand weiß, was sich in ihr verbirgt. Jetzt, da die Mauern gefallen sind, musst du dich dem stellen, was diese Mauern verborgen haben ...

MONSTER

Aus dem göttlichen Unbewussten des Teichs taucht ein dunkler Schatten auf. Ein seltsames, verdrehtes Spiegelbild der Menschen, das für deine innere Dunkelheit steht. Für den Teil von dir, den du versuchst, hinter dir zu lassen und zu verleugnen. Welche dunklen Instinkte lauern unter deinem wachen Verstand? Welche Gestalt nimmt deine dunkelste Angst an? Wirst du zurückblicken oder den Weg weitergehen?

WAS DAS BEDEUTET

Nach der hellen schöpferischen Kraft des Sterns enthüllt der Mond die andere Seite des göttlichen Unbewussten und lädt dich ein, die unheimliche, mondbeschienene Welt (Mond) zu erkunden. Die Wildheit in dir wird zum Vorschein gebracht, wenn du dich deiner tierischen Wurzeln besinnst (Masken). Manche Transformationen können nur stattfinden, wenn du diese Seite von dir selbst angenommen hast. Hast du es getan, kannst du noch tiefer hinabsteigen (Höhle). Und doch kann die Dunkelheit deinen ursprünglichsten Ängsten Gestalt geben (Monster), die letztlich nur ein Spiegelbild deiner eigenen Seele sind ...

KORRESPONDENZEN
Turm, Stern, Die Liebenden, Teufel

FARBCODE

Dunkles Marineblau, Schwarz,
Grau, Gelb, Braun, Rot, Blau

MOND

DEINE GEDANKEN

Manchmal musst du dich einfach gehen lassen. Verlasse deine Komfortzone und verbinde dich wieder mit der Wildheit, die in uns allen lebt ...

WAS WÜRDEST DU TUN, WENN DU ALLES TUN KÖNNTEST, NUR FÜR EINE NACHT?

....

....

....

WAS WÜRDEST DU IN DER HÖHLE FINDEN?

....

....

....

WELCHE FORM HAT DEINE GRÖSSTE ANGST?

....

....

....

WENN DU DAS NÄCHSTE MAL EINSCHLÄFST, HALTE DIE BILDER, DIE DIR DURCH DEN KOPF GEHEN, HIER FEST:

....

....

....

TAROT-TIPP:
Im Tarot von Waite & Smith befinden sich nur Tiere auf dieser Karte, aber hier werden sie in Menschen verwandelt. Durch diese Veränderung spiegelt der Mond die Karten „Die Liebenden" und „Teufel" wider. Lege diese drei Karten nebeneinander. Erzählen sie dir zusammen eine Geschichte?

XIX. SONNE

Raus aus der Dunkelheit und rein in die Sonne! Es ist Zeit, dich in diesen herrlichen Strahlen zu sonnen. Ist es nicht schön, einfach am Leben zu sein?

SYMBOLE
Wahre Freude kann gefunden werden ....

SONNE

Die Sonne, die im Zentrum der Karte scheint, ist das Symbol für Wärme, Licht und Lebensenergie. Während der Mond schlummerte, ist die Sonne hellwach und sieht alles auf ihrem Weg über den Himmel. Somit können alle, die sich die Energie der Sonne zunutze machen, dieses ewige Bewusstsein anzapfen. Im Licht der Sonne kannst du endlich klarsehen.

SONNENBLUMEN & MOHN

Die Sonnenblumen sind die lebendige Verkörperung der Sonnenenergie und stehen für das Leben selbst, während die Mohnblumen für Schlaf und Tod stehen. Beide gedeihen in diesem Garten gemeinsam. Genau wie es die Närrin tat, trägt das Kind eine Krone aus Mohnblumen. Sie trägt diese Energie mit sich und ist im Gleichgewicht mit ihrer kindlichen Lebensfreude.

MAUER

Die Blumen sind von einer Steinmauer umgeben, die den Garten umgibt und an den Paradiesgarten Eden erinnert. Die Mauer verweist auf die Strukturen der menschlichen Schöpfung, die manchmal einschränkend sind, aber auch dazu dienen können, die Dinge wachsen zu lassen. Im Wissen, dass die Blumen das Gleichgewicht zwischen Leben und Tod ausbalancieren und erblühen lassen, kann das Kind in die Welt hinausgehen ...

KIND

Nach dem Tumult des Turms und der ungezähmten Wildnis des Mondes bist du auf die andere Seite gelangt und hast die Sonne erreicht. Dies ist ein kindlicher Zustand, ein neues Leben, voll der unbändigen Freude, die aus der Überwindung großer Schwierigkeiten entsteht. Wenn du es schaffst, Stürme zu überstehen, gewinnst du eine neue Wertschätzung für das Leben – richte deinen Blick also wieder auf den Horizont. Gleich dahinter liegt die Sonne.

WEISSES PFERD

Das Kind ist der Inbegriff des Lebens, das von der Freude an sich selbst erfüllt ist. Es trägt ein weißes Kleid, das für Unschuld und ein neues, unbeschriebenes Blatt steht. Sein Pferd erinnert an das Pferd des Todes. Wie schon bei den Blumen ist zu erkennen, dass Leben und Tod nicht nur im Gleichgewicht existieren, sondern als ein- und dasselbe angesehen werden können. Wenn der Tod der Schatten des Lebens ist, dann ist er der einzige Beweis für die Existenz des Lebens.

ROTE FAHNE

Das Kind schwenkt eine rote Fahne, die die gleiche Farbe hat wie die Flügel der Engel. Sie symbolisiert Leidenschaft und Lebensfreude – und wieder ist das Zusammenspiel von Leben und Tod sichtbar, da die Fahne von einem schwarzen Stab getragen wird.

WAS DAS BEDEUTET

Das Licht der Sonne enthüllt die Wahrheit: Leben und Tod sind im Gleichgewicht (Sonnenblumen & Mohnblumen, weißes Pferd). Die Herausforderungen des Lebens haben dich gelehrt, dass Freude nicht trotz, sondern wegen der Dunkelheit existiert. Die größte Freude ist es, einfach nur am Leben zu sein (Kind). Du darfst nun vorwärts springen, deine Leidenschaft und Dunkelheit mit dir tragen (Rote Fahne), um dich an allem zu erfreuen, was das Leben dir zu geben hat.

KORRES-PONDENZEN
Turm,
Mond,
Die Närrin,
Tod

FARBCODE

Blassblau, Gelb, Hellgrün, Rot,
Weiß, Creme, Grau, Pink.

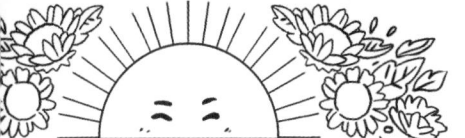

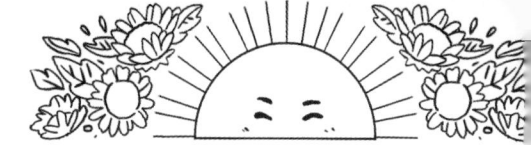

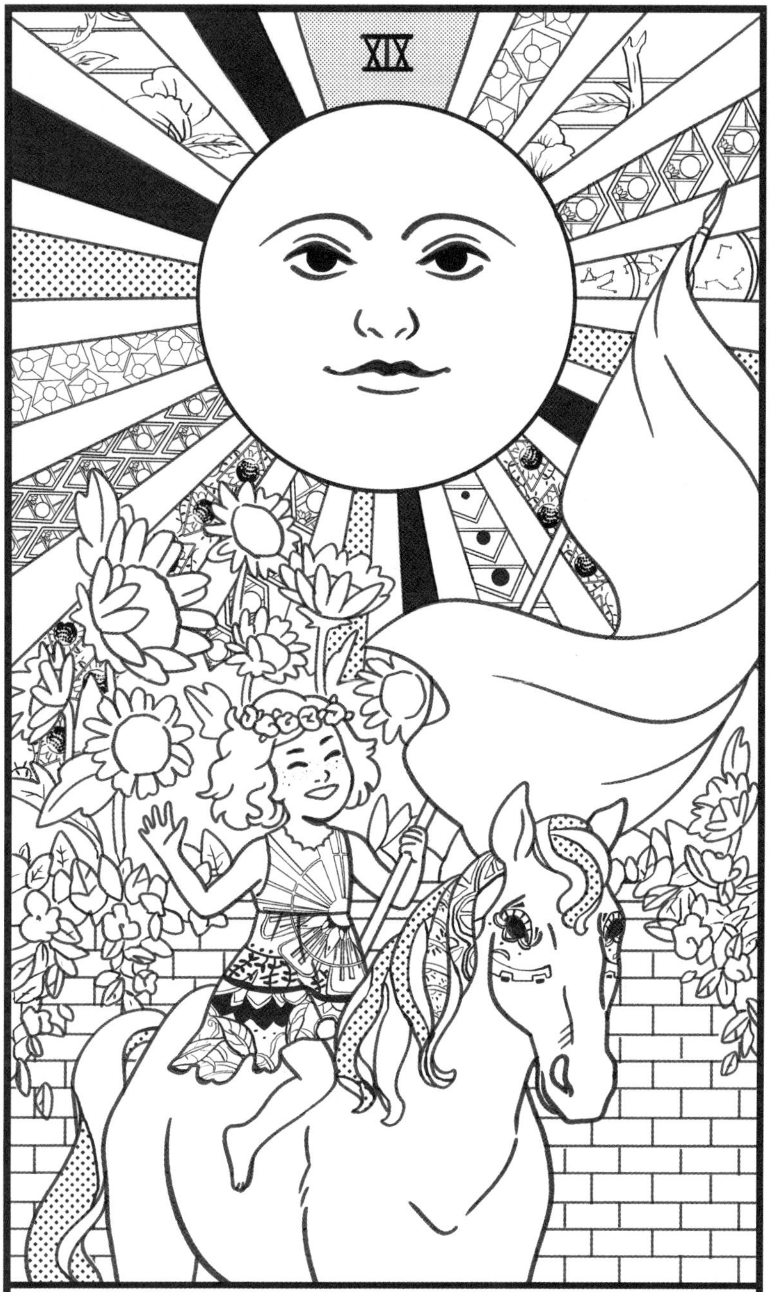

SONNE

DEINE GEDANKEN

In einer so herausfordernden Welt ist es der größte Sieg, voll
Freude zu leben.

**WAS HAST DU ALS KIND AM LIEBSTEN
GEMACHT?**

....

....

....

....

....

....

....

....

**ZÄHLE FÜNF DINGE IN DEINEM LEBEN AUF,
DIE IM MOMENT GUT SIND.**

....

....

....

....

....

....

....

WENN DU DEINEM FRÜHEREN ICH EINEN RAT GEBEN KÖNNTEST, WIE WÜRDE ER LAUTEN?

....

....

....

....

....

....

....

WAS IN DEINEM LEBEN BRINGT DIR DIE MEISTE FREUDE?

....

....

....

....

....

....

....

XX. GERICHT

*Am Ende der Reise durch die Großen Arkana gibt es einen Wendepunkt,
einen Scheideweg. Aus deinem Inneren hörst du den Ruf nach Veränderung.
Welchen Weg wirst du einschlagen?*

SYMBOLE
Nur wenn du dem Ruf folgst, kannst du wirklich lebendig werden …

ENGEL
Anders als der Engel auf der Karte „Die Liebenden" ist dieser
Engel weitaus interaktiver. In einigen Interpretationen wird
er als Gabriel oder Metatron identifiziert – die uns Menschen
auf direktem Weg Weisheit übermitteln. Der Engel streckt den
Menschen unter sich die Hände entgegen und ruft ihnen zu.

FLAGGE
Die Flagge des Engels zeigt zwei Pfade, die sich kreuzen. Diese Kreuzung ist der Punkt der Entscheidung. Der Engel ruft
die Menschheit auf, eine Entscheidung zu treffen:
Bleibt so wie bisher oder nutzt das Erlernte,
um voranzukommen. Wofür wirst du dich
entscheiden?

MENSCHEN
Auch diese Menschen sind nackt und
strecken sich dem Engel entgegen, um
seinem Ruf zu folgen. Ihre Haut ist grau,
ein Zeichen für die Abkehr vom schwarz-
weißen, polarisierten Denken. Und es
sind viele Menschen hier, nicht nur einer
oder zwei. Das Gericht erinnert uns daran,
uns nach außen zu wenden, anderen die Hand
zu reichen und uns daran zu erinnern, dass wir
alle miteinander verbunden sind. Die Reise durch die Großen

Arkana ist sinnlos, wenn wir nicht das, was
wir gelernt haben, nutzen, um uns gegen-
seitig zu helfen.

SÄRGE
Die Menschen erheben sich aus Särgen.
Dies erinnert an apokalyptische Vorstellungen vom Jüngsten Gericht und ist ein
weiteres Symbol für die großen Veränderungen, die stattfinden müssen, damit du
weiter vorankommen kannst.

MEER
Wie alle Gewässer im Tarot steht dieses Urmeer für das göttliche Unbewusste, die Quelle der Inspiration. Hierher führt
der große Fluss, der in der grünen Landschaft der Herrscherin
entsprang, sich durch die industrielle Stadt des Herrschers
schlängelte, als schwarzer Strom am Tod vorbeifloss – um sich
schließlich hier in das Meer des Gerichts zu ergießen.

BERGE
In der Ferne sehen wir schneebedeckte Gipfel. Der Berg ist
noch nicht erklommen – selbst nach all dieser Arbeit hast du
noch einen weiten Weg vor dir. Aber wenn wir dem Ruf des Gerichts folgen, können wir alle gemeinsam reisen – und nur so
werden wir den Gipfel erreichen.

WAS DAS BEDEUTET
Das Ende ist in Sicht, aber bevor du es erreichen kannst,
musst du deinen endgültigen Weg wählen (Flagge). Du
bist aufgerufen (Engel), alles zu nutzen, was du bisher
gelernt hast (Meer), um eine Entscheidung zu treffen,
dich zu verändern und andere mit dir in die Höhe zu
heben (Figuren). Indem du die Vergangenheit loslässt
(Särge), kannst du endlich deine Ziele erreichen (Berge).
Aber das kannst du nur, wenn du dem Ruf folgst …

KORRES-PONDENZEN
Die Liebenden,
Tod

FARBCODE

Hellblau, Rot, Türkis, Gelb,
Creme, Weiß, Grau

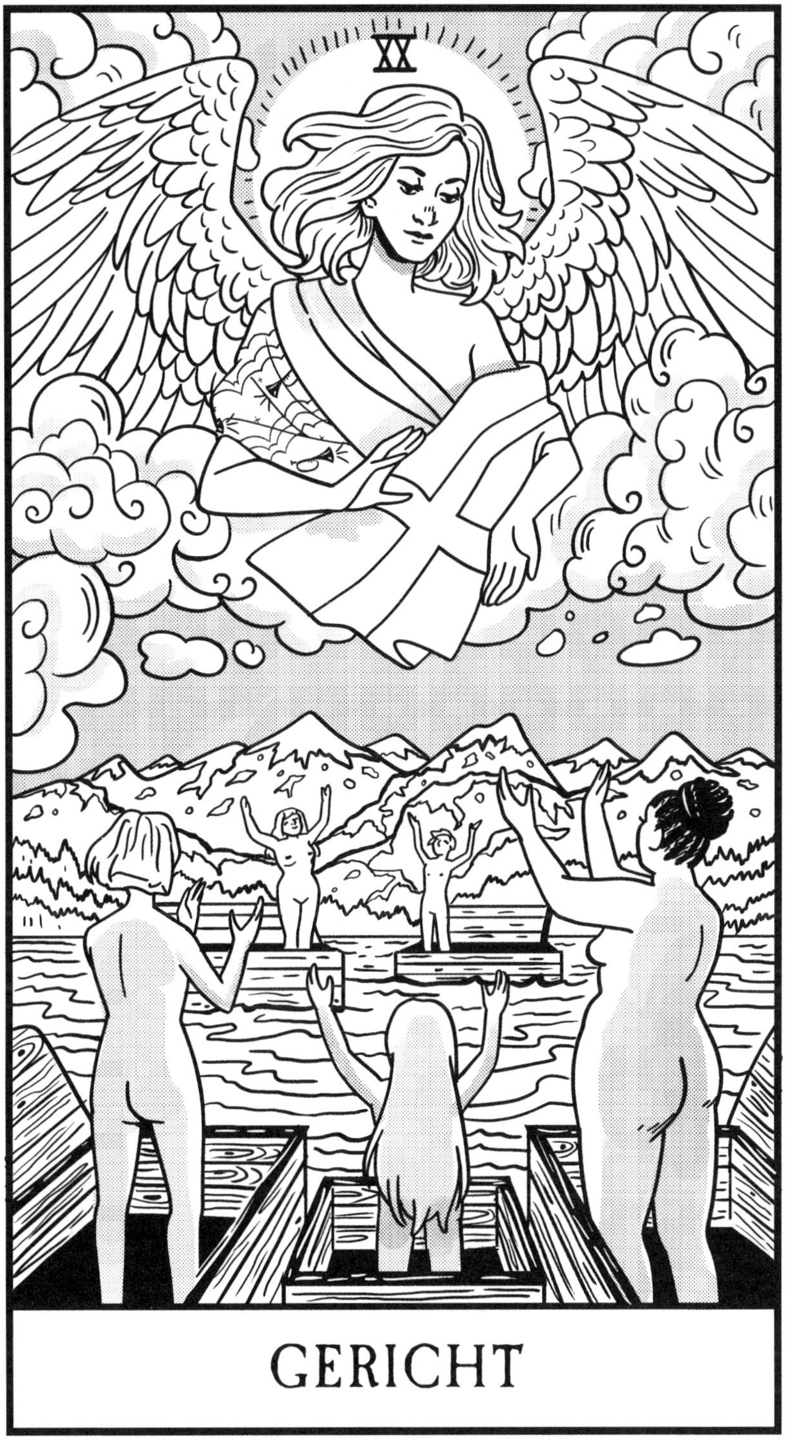

DEINE GEDANKEN

Am Ende des Tages ist die einzige Person, die dich beurteilen kann, du selbst.

WIE KANNST DU DEINE TALENTE NUTZEN, UM ANDEREN ZU HELFEN?

....

....

....

NENNE DREI DINGE, DIE SICH AN DIR GRUNDLEGEND VERÄNDERT HABEN:

....

....

....

NENNE DREI DINGE, DIE FÜR DEINE IDENTITÄT VON ZENTRALER BEDEUTUNG SIND UND DIE DU NIE ÄNDERN WÜRDEST:

....

....

....

BLICKE ZURÜCK AUF DEINE ZEIT MIT DIESEM MALBUCH. HAST DU NEUE ERKENNTNISSE ÜBER TAROT ODER DICH SELBST GEWONNEN? WENN DU WEITERE GEDANKEN HAST, DIE NICHT ZU EINER ANDEREN KARTE PASSEN, HALTE SIE HIER FEST:

....

....

....

....

XXI. WELT

Das ist es. Du hast dich mit den äußeren Kräften vereint, bist tiefer nach innen gegangen, hast deine Mauern zum Einsturz gebracht. Jetzt bist du alles, was du werden kannst. Was wirst du nun mit dem anfangen, was du gelernt hast?

SYMBOLE
Alles, was bereits da war, ist hier …

ASTROLOGISCHE SYMBOLE
Dieselben astrologischen Symbole, die das Rad des Schicksals umgeben, erscheinen auch auf der Welt. Sie repräsentieren die Elemente, die vier Ecken der Erde, alles, was wir kennen und was darüber hinaus sein könnte. Die Welt ist das letztendliche Ziel. Sie befindet sich nicht auf dem Rad, sondern jenseits. Jede Situation, in die dich das Rad stößt, ist in der Welt enthalten. Hier wird endlich alles eins.

KRANZ
Er symbolisiert den großen Kreislauf von Leben und Tod, den Wechsel der Jahreszeiten, die Planeten, die die Sonne umkreisen, die Galaxie, die sich dreht. Der Kranz erinnert an die Blumenkronen, die die Kraft, das Kind im Garten der Sonne und die Närrin tragen. Dies ist die natürliche Welt, die in der kosmischen Einheit enthalten ist. Und der Kranz ist ein Oval, das uns zur 0 der Närrin zurückführt. Dieses Ende ist nur ein weiterer Anfang …

UNENDLICHKEITSSYMBOLE
Der Kranz wird von zwei Unendlichkeitssymbolen zusammengehalten. Sie brennen mit demselben aktiven und leidenschaftlichen Rot wie die Flügel der Engel. Dieses Unendlichkeitssymbol findet sich auch über den Köpfen der Magierin und der Wagenlenkerin. Hier befinden sie sich über und unter der tanzenden Figur und erinnern an die alte Weisheit „Wie oben, so unten". Alles ist ein Spiegelbild von allem anderen; die Bewegung der Himmelskörper spiegelt sich im Tanz der kleinsten Atome wider.

BAND
Ein violettes Band schlängelt sich vom Himmel herab und wickelt sich um die Tänzerin. Diese mit Göttlichkeit assoziierte Farbe kommt im Modern Witch Tarot nur viermal vor. Es ist das Violett der Kristallfelsen der Magierin, die Farbe des Engelsgewandes und der fernen Berge auf der Karte „Die Liebenden", der violette Schleier der „Gerechtigkeit". In jedem Fall steht diese Farbe für eine Wahrheit, die nur erreicht werden kann, wenn du eine Lektion gelernt hast. Hier ist es die universelle Wahrheit – und das Band verbirgt auch die androgyne Natur der Tänzerin …

TÄNZERIN
Jegliches Gefühl von Trennung wird überwunden, sobald dieses höhere Bewusstsein erreicht ist. Die Tänzerin ist alles: göttliches Männliches und Weibliches, Vater- und Muttergottheit, Bewusstes und Unterbewusstes, Gedanken und Materie. Die Beine der Figur spiegeln die der Gehängten wider, aber ihre Arme sind offen und heißen alles im Universum willkommen. Die Figur tanzt im Zentrum all dessen, was sie umgibt. Denn sie ist alles. Sie ist erfüllt von der Freude am Dasein.

STÄBE
Die Tänzerin hält zwei Stäbe in der Hand – den der Magierin und den der Wagenlenkerin. Sie verkörpern die doppelte Kraft der Manifestation und des Fortschritts. Wie immer stehen die Stäbe für die Lebensenergie, die das Universum durchdringt. Aber die Tänzerin braucht den Kreislauf nicht zu schließen, sie ist der Kreislauf: Leben in endloser Bewegung, alles und nichts zugleich.

WAS DAS BEDEUTET
Dies ist das endgültige Ziel (astrologische Symbole) einer Reise, die du vor langer Zeit begonnen hast. Dies ist alles, was ist (Kranz) – und als Ziel deiner persönlichen Reise ist es alles, was du sein kannst (Stäbe). Denn du wurdest aus dem Universum geboren, und das Universum ist in dir enthalten (Unendlichkeitssymbole). Mit allem, was du bisher gelernt hast, kannst du endlich dein wahres Selbst werden (Bänder), also genieße es. Es gibt nichts Besseres im Leben, als es zu leben. Also lebe.

KORRESPONDENZEN
Buchstäblich alle! Versuche herauszufinden, wie jede Karte der Großen Arkana in der „Welt" enthalten ist

FARBCODE

Gold, Violett, Rot, Weiß, Rosa,
Grau und Braun

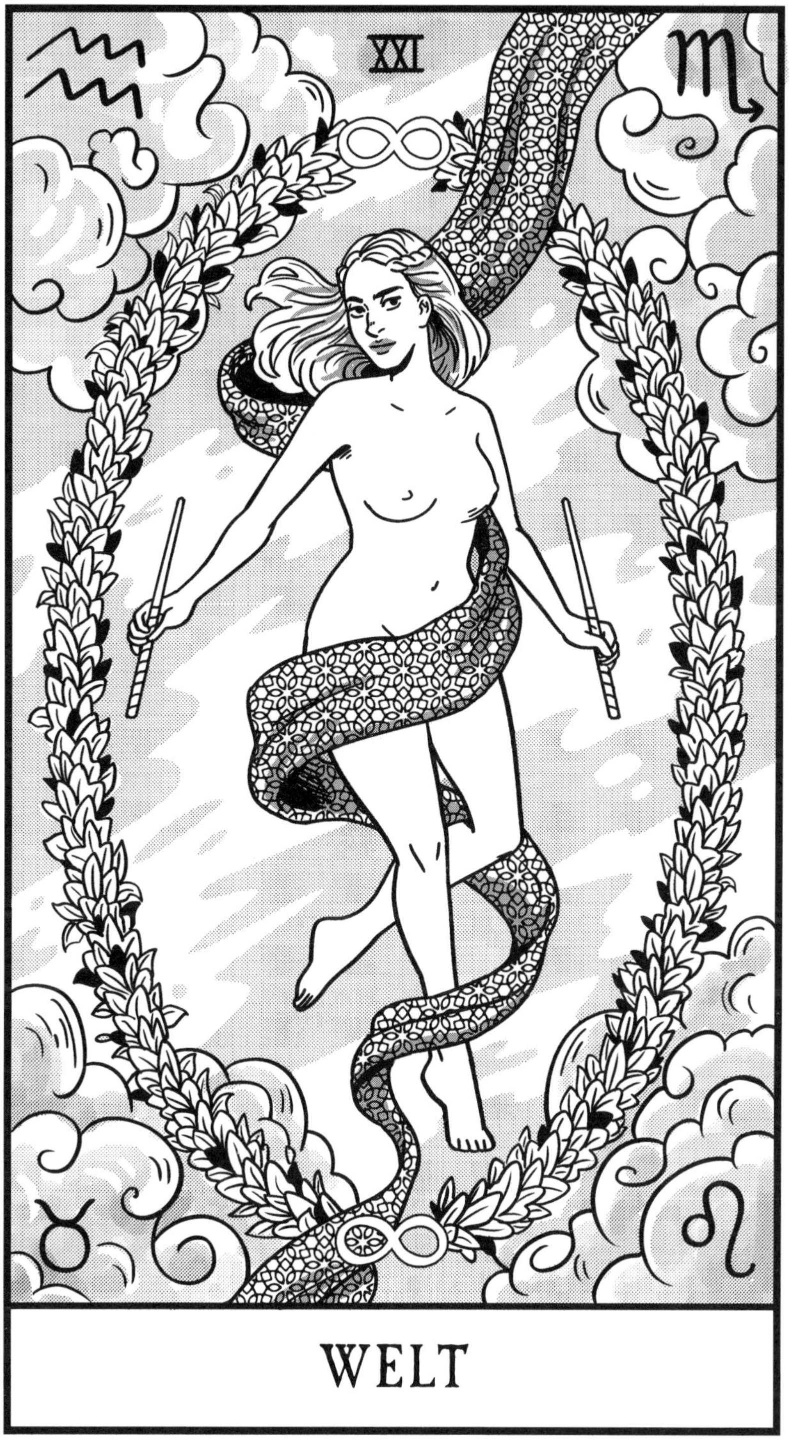

DEINE GEDANKEN

Die Welt ist von Natur aus unbegreiflich. Denn wie könnten wir etwas verstehen, was wir noch nicht erreicht haben? Sie erinnert dich daran, dass du dich immer wieder selbst erschaffen musst und dass die Unendlichkeit der Existenz in uns allen enthalten ist.

WER WÜRDEST DU SEIN, WENN DU ALLES SEIN KÖNNTEST?

....

....

....

....

....

....

....

WENN ES ETWAS GIBT, FÜR DAS MAN SICH AN DICH ERINNERN KÖNNTE, WAS WÄRE DAS?

....

....

....

....

....

....

....

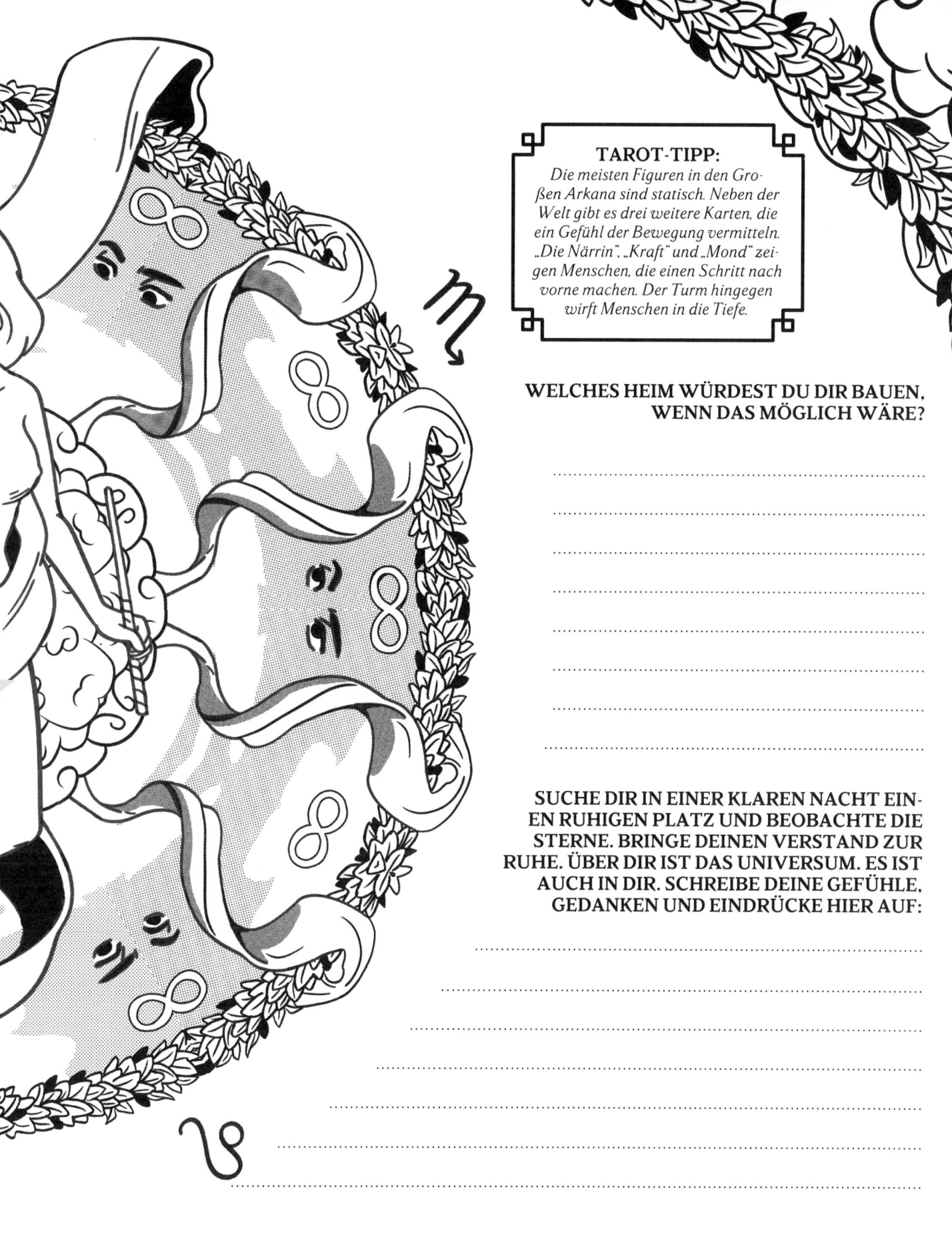

TAROT-TIPP:

*Die meisten Figuren in den Gro-
ßen Arkana sind statisch. Neben der
Welt gibt es drei weitere Karten, die
ein Gefühl der Bewegung vermitteln.
„Die Närrin", „Kraft" und „Mond" zeigen Menschen, die einen Schritt nach
vorne machen. Der Turm hingegen
wirft Menschen in die Tiefe.*

WELCHES HEIM WÜRDEST DU DIR BAUEN, WENN DAS MÖGLICH WÄRE?

....

....

....

....

....

....

....

SUCHE DIR IN EINER KLAREN NACHT EIN-EN RUHIGEN PLATZ UND BEOBACHTE DIE STERNE. BRINGE DEINEN VERSTAND ZUR RUHE. ÜBER DIR IST DAS UNIVERSUM. ES IST AUCH IN DIR. SCHREIBE DEINE GEFÜHLE, GEDANKEN UND EINDRÜCKE HIER AUF:

....

....

....

....

....

DIE KLEINE ARKANA

Die Große Arkana zeichnet die große Reise der Erleuchtung nach – aber darum geht es nicht in jedem Moment deines Lebens. Die Kleinen Arkana sind viel praktischer und beziehen sich auf die Herausforderungen, Schwierigkeiten und Triumphe des täglichen Lebens. Für viele Tarotkünstler*innen haben sie sich als besonders kreativer Bereich des Tarot herausgestellt.

Pamela Colman-Smith, die Schöpferin des Tarot von Waite & Smith, hatte großen Einfluss auf die Darstellung der Kleinen Arkana. Sie nutzte ihre Erfahrungen als Bühnenzeichnerin und brachte ihre künstlerischen Einflüsse ein. Auch ich habe bei der Gestaltung der Kleinen Arkana Raum gefunden, mein eigenes Leben und das Leben der Menschen in meinem Umfeld zu illustrieren. Die „Drei der Münzen" steht zum Beispiel für meine Erfahrungen als Künstlerin, die mit anderen Künstler*innen zusammenarbeitet! Die Kleinen Arkana enthalten Motive, die mir sehr vertraut sind, und ich hoffe, dass auch du dich in ihnen wiederfindest.

◇

ZAHLEN

Jede Zahl verkörpert ein bestimmtes Thema, das von der jeweiligen Karte in den einzelnen Farb- oder Symbolreichen zum Ausdruck gebracht wird.

Ass – Neuheit
Zwei – Dualität
Drei – Wachstum
Vier – Stabilität
Fünf – Konflikt

Sechs – Konsequenz
Sieben – Resultat
Acht – Herausforderung
Neun – Fruchtbarkeit
Zehn – Vollendung

Wenn du das Thema einer Zahl mit den Themen der einzelnen Reihen (Stäbe, Münzen, Schwerter und Kelche) verbindest (z. B. geht es bei den Münzen um Bodenständigkeit, Reichtum, Arbeit usw.), kannst du die Bedeutung jeder Karte sofort erkennen.

HOFKARTEN

Wenn Hofkarten in einem Reading auftauchen, beziehen sie sich normalerweise auf eine Person in deinem Leben.

Pagen – jugendlich, voller Potenzial
Ritter – zielstrebige Menschen, die vorwärtsdrängen
Königinnen – Ernährer*innen, Heileri*nnen und Pfleger*innen
Könige – Führungspersönlichkeiten, normalerweise reifere oder ältere Menschen

Achte auf die männlichen und weiblichen Energien jeder Karte, wenn du versuchst herauszufinden, auf wen sie sich beziehen – und denke daran, dass diese Energien von allen Menschen verkörpert werden können.

STÄBE

Als Symbol für das Element **Feuer** stehen die Stäbe für Aktivitäten, Kreativität und Abenteuer. Die hier verwendeten Farben sind warm, also achte auf Gelb-, Gold- und Rot-Töne, vor allem bei der Kleidung der Figuren. Wenn die Stäbe in einem Reading auftauchen, wirst du zum Nachdenken darüber aufgefordert, was du gerade tust und ob es mit deinen Vorhaben übereinstimmt.

DEINE GEDANKEN
Welchem persönlichen Projekt würdest du gerne mehr Zeit widmen?

....
....
....
....

TAROT-TIPP
Erinnerst du dich an die Wagenlenkerin aus der Großen Arkana? Versuche, sie in den Stäben zu finden!

KELCHE

Die Kelche entsprechen dem **Wasser** und beziehen sich normalerweise auf den Bereich der Gefühle, des Mitgefühls und der Gemeinschaft. Die Farben sind kühl, mit reichlich Pastellrosa und -blau. Wenn die Kelche erscheinen, berichten sie von deinen zwischenmenschlichen Beziehungen – wie du sie pflegst und wie sie deine Entwicklung unterstützen.

DEINE GEDANKEN
Welche deiner Beziehungen tragen besonders zu deiner Persönlichkeitsentwicklung bei?

....
....
....
....

TAROT-TIPP
Es gibt viele neue Orte im Reich der Kelche. Achte darauf, wo jede Karte spielt – was meinst du, bedeutet das?

◇

SCHWERTER

Bei den die **Luft** zerschneidenden Schwertern geht es darum, die herausforderndsten Momente des Lebens zu überstehen. Tatsächlich sind dies die einzigen Karten neben denen der Großen Arkana, auf denen wir einen tiefschwarzen Hintergrund finden. Wenn die Schwerter in deinen Readings auftauchen, können Logik und ein kühler Kopf die Antwort auf jede Herausforderung sein.

DEINE GEDANKEN
Neigst du dazu, dich auf Logik oder auf Gefühle zu verlassen, wenn das Leben kompliziert wird?

....
....
....
....

TAROT-TIPP
Wenn du dir das Thema jeder Zahl ansiehst, ist die entsprechende Schwertkarte oft die Antithese oder die negative Umsetzung davon. Zum Beispiel erforschen die Neunen die Fruchtbarkeit – aber bei der „Neun der Schwerter" ist das nicht positiv. Denn es geht um Dinge, die sich über dir zusammenballen.

MÜNZEN

Die Münzen sind in der **Erde** verwurzelt und ihr Bereich sind die Finanzen, die Arbeit und alles Praktische. Erdige Grün- und Brauntöne prägen dieses Zeichen. Wenn die Münzen auftauchen, ist es an der Zeit, Samen auszusäen, damit du die Früchte ernten kannst.

DEINE GEDANKEN
Wie hast du dir dein Zuhause geschaffen?

....
....
....
....

TAROT-TIPP
Ich habe mich selbst in dieser Farbreihe verewigt – halte also Ausschau nach mir, wie ich an meiner Kunst arbeite!

ASS *der* STÄBE

ZWEI *der* STÄBE

DREI *der* STÄBE

VIER *der* STÄBE

FÜNF *der* STÄBE

SECHS *der* STÄBE

SIEBEN *der* STÄBE

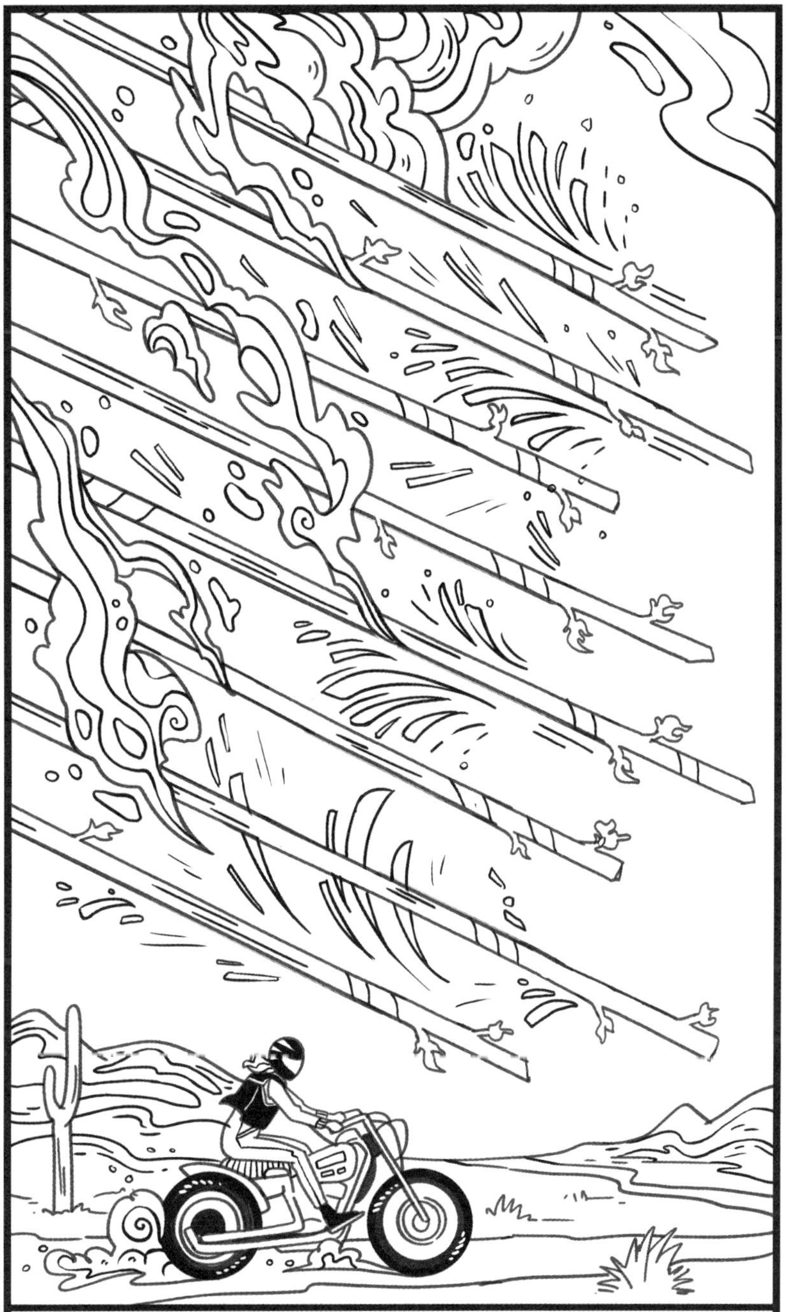

ACHT *der* STÄBE

NEUN *der* STÄBE

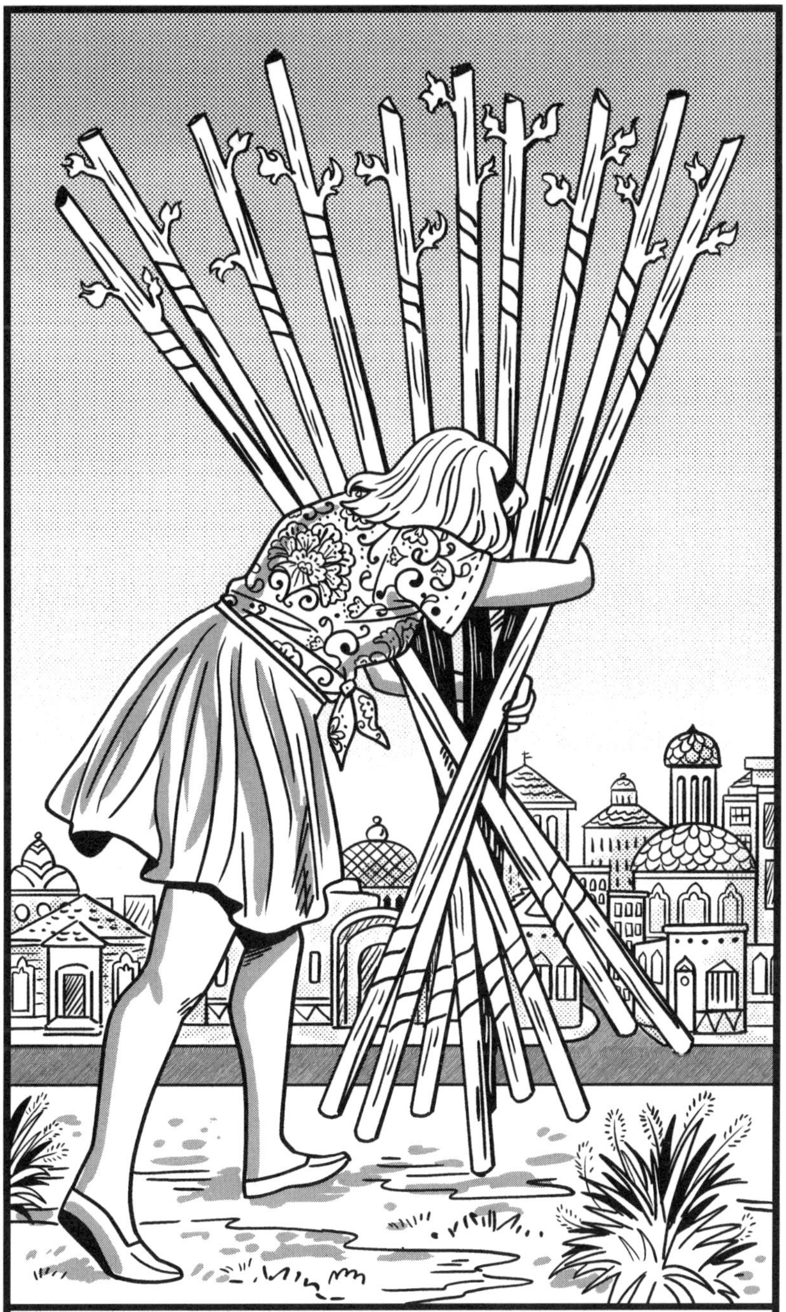

ZEHN *der* STÄBE

PAGE *der* STÄBE

RITTER *der* STÄBE

KÖNIGIN *der* STÄBE

KÖNIG *der* STÄBE

ASS der KELCHE

ZWEI *der* KELCHE

DREI *der* KELCHE

VIER *der* KELCHE

FÜNF *der* KELCHE

SECHS *der* KELCHE

SIEBEN *der* KELCHE

ACHT *der* KELCHE

NEUN *der* KELCHE

ZEHN *der* KELCHE

PAGE *der* KELCHE

RITTER *der* KELCHE

KÖNIGIN *der* KELCHE

KÖNIG *der* KELCHE

ASS *der* SCHWERTER

ZWEI *der* SCHWERTER

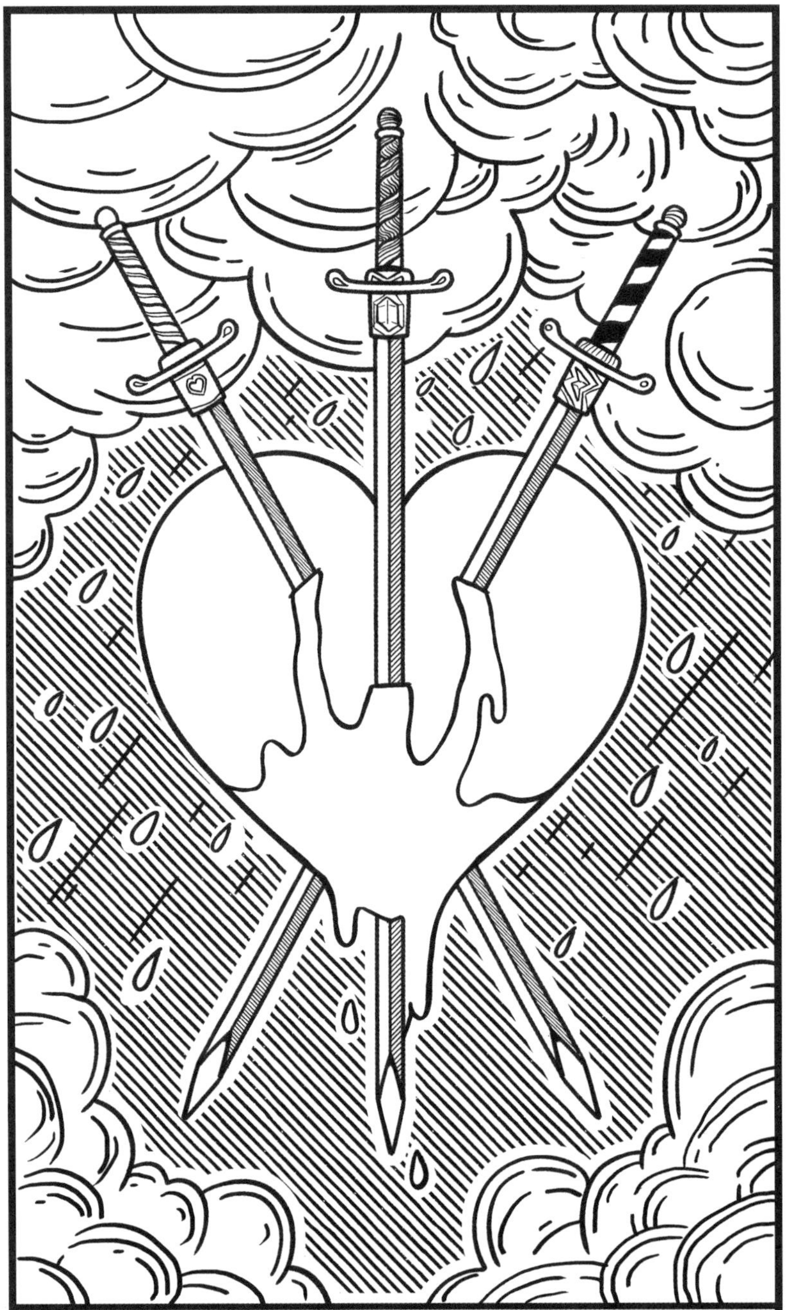

DREI *der* SCHWERTER

VIER *der* SCHWERTER

FÜNF *der* SCHWERTER

SECHS *der* SCHWERTER

SIEBEN *der* SCHWERTER

ACHT *der* SCHWERTER

NEUN *der* SCHWERTER

ZEHN *der* SCHWERTER

PAGE *der* SCHWERTER

RITTER *der* SCHWERTER

KÖNIGIN *der* SCHWERTER

KÖNIG *der* SCHWERTER

ASS der MÜNZEN

ZWEI *der* MÜNZEN

DREI *der* MÜNZEN

VIER *der* MÜNZEN

FÜNF *der* MÜNZEN

SECHS *der* MÜNZEN

SIEBEN *der* MÜNZEN

ACHT *der* MÜNZEN

NEUN *der* MÜNZEN

ZEHN *der* MÜNZEN

PAGE *der* MÜNZEN

RITTER *der* MÜNZEN

KÖNIGIN *der* MÜNZEN

KÖNIG *der* MÜNZEN

LITERATUR

Folgende Bücher empfehle ich dir sehr, denn sie waren für mich eine große Quelle der Inspiration bei der Entstehung meines Decks und dieses Buchs!

✧ *Tarot: „Ein Schlüssel zur zeitlosen Weisheit"* von Paul Foster Case

✧ *„78 Stufen der Weisheit"* von Rachel Pollack

✧ *„Tarot Correspondences: Ancient Secrets For Everyday Readers"* von T. Susan Chang

✧ *www.biddytarot.com* von Brigit Esselmont

✧ *„Secrets of the Waite-Smith Tarot"* von Marcus Katz & Tala Goodwin

✧ *„The Tarot Coloring Book"* von Theresa Reed

✧ *„Modern Tarot"* von Michelle Tea

DU

DU BIST MEGA COOL, SO WIE DU BIST;
VOLLER LEBEN, LIEBE UND POTENZIALE

ALLES IST GUT

MÖGEST DU MIT DIESEM COLORING BOOK DEN
WEG ZU DEINEM BESTEN SELBST FINDEN.

BESTES
SELBST

FARBPALETTE

Hier sind alle Farben abgebildet, die du
bei den Farbcodes finden kannst!

Rauchblau		Magenta
Beige		Mahagoni
Schwarz		Mauve
Braun		Mintgrün
Gebranntes Orange		Marineblau
Gebranntes Rot		Blassgelb
Pink		Rosa
Azurblau		Blau
Creme		Violett
Cyan		Rot
Dunkelbraun		Lachs
Gold		Türkis
Grau		Blaugrün
Eisblau		Lila
Hellblau		Weiß
Hellgrün		Gelb

KLEINE ARKANA

Die Farbpalette jeder Reihe passt zu ihrem Element: kalte Farben
für die Wasser-Kelche und luftigen Schwerter, warme Töne für die
feurigen Stäbe und erdigen Münzen.

STÄBE   SCHWERTER

KELCHE   MÜNZEN

VERFOLGE DEINE REISE

GROSSE ARKANA
- ☐ DIE NÄRRIN
- ☐ DIE MAGIERIN
- ☐ DIE HOHEPRIESTERIN
- ☐ DIE HERRSCHERIN
- ☐ DER HERRSCHER
- ☐ DIE HIEROPHANTIN
- ☐ DIE LIEBENDEN
- ☐ WAGEN
- ☐ KRAFT
- ☐ DIE EREMITIN
- ☐ RAD des SCHICKSALS
- ☐ GERECHTIGKEIT
- ☐ DIE GEHÄNGTE
- ☐ TOD
- ☐ MÄSSIGKEIT
- ☐ TEUFEL
- ☐ TURM
- ☐ STERN
- ☐ MOND
- ☐ SONNE
- ☐ GERICHT
- ☐ WELT

KLEINE ARKANA
- ☐ ASS der STÄBE
- ☐ ZWEI der STÄBE
- ☐ DREI der STÄBE
- ☐ VIER der STÄBE
- ☐ FÜNF der STÄBE
- ☐ SECHS der STÄBE
- ☐ SIEBEN der STÄBE
- ☐ ACHT der STÄBE
- ☐ NEUN der STÄBE
- ☐ ZEHN der STÄBE
- ☐ PAGE der STÄBE
- ☐ RITTER der STÄBE
- ☐ KÖNIGIN der STÄBE
- ☐ KÖNIG der STÄBE

- ☐ ASS der KELCHE
- ☐ ZWEI der KELCHE
- ☐ DREI der KELCHE
- ☐ VIER der KELCHE
- ☐ FÜNF der KELCHE
- ☐ SECHS der KELCHE
- ☐ SIEBEN der KELCHE
- ☐ ACHT der KELCHE
- ☐ NEUN der KELCHE
- ☐ ZEHN der KELCHE
- ☐ PAGE der KELCHE
- ☐ RITTER der KELCHE
- ☐ KÖNIGIN der KELCHE
- ☐ KÖNIG der KELCHE

- ☐ ASS der SCHWERTER
- ☐ ZWEI der SCHWERTER
- ☐ DREI der SCHWERTER
- ☐ VIER der SCHWERTER
- ☐ FÜNF der SCHWERTER
- ☐ SECHS der SCHWERTER
- ☐ SIEBEN der SCHWERTER
- ☐ ACHT der SCHWERTER
- ☐ NEUN der SCHWERTER
- ☐ ZEHN der SCHWERTER
- ☐ PAGE der SCHWERTER
- ☐ RITTER der SCHWERTER
- ☐ KÖNIGIN der SCHWERTER
- ☐ KÖNIG der SCHWERTER

- ☐ ASS der MÜNZEN
- ☐ ZWEI der MÜNZEN
- ☐ DREI der MÜNZEN
- ☐ VIER der MÜNZEN
- ☐ FÜNF der MÜNZEN
- ☐ SECHS der MÜNZEN
- ☐ SIEDEN der MÜNZEN
- ☐ ACHT der MÜNZEN
- ☐ NEUN der MÜNZEN
- ☐ ZEHN der MÜNZEN
- ☐ PAGE der MÜNZEN
- ☐ RITTER der MÜNZEN
- ☐ KÖNIGIN der MÜNZEN
- ☐ KÖNIG der MÜNZEN

PROBIERE DEINE STIFTE HIER AUS:

DIE NÄRRIN

DIE MAGIERIN

DIE HOHEPRIESTERIN

DIE HERRSCHERIN

DER HERRSCHER

DIE HIEROPHANTIN

DIE LIEBENDEN

WAGEN

KRAFT

DIE EREMITIN

RAD des SCHICKSALS

GERECHTIGKEIT

DIE GEHÄNGTE

TOD

MÄSSIGKEIT

TEUFEL

TURM

STERN

MOND

SONNE

GERICHT

WELT

ASS *der* STÄBE

ZWEI *der* STÄBE

DREI *der* STÄBE

VIER *der* STÄBE

FÜNF *der* STÄBE

SECHS *der* STÄBE

SIEBEN *der* STÄBE

ACHT *der* STÄBE

NEUN *der* STÄBE

ZEHN *der* STÄBE

PAGE *der* STÄBE

RITTER *der* STÄBE

KÖNIGIN *der* STÄBE

KÖNIG *der* STÄBE

ASS *der* KELCHE

ZWEI *der* KELCHE

DREI *der* KELCHE

VIER *der* KELCHE

FÜNF der KELCHE

SECHS der KELCHE

SIEBEN der KELCHE

ACHT der KELCHE

NEUN der KELCHE

ZEHN der KELCHE

PAGE der KELCHE

RITTER der KELCHE

KÖNIGIN der KELCHE

KÖNIG der KELCHE

ASS der SCHWERTER

ZWEI der SCHWERTER

DREI der SCHWERTER

VIER der SCHWERTER

FÜNF der SCHWERTER

SECHS der SCHWERTER

SIEBEN der SCHWERTER

ACHT der SCHWERTER

NEUN der SCHWERTER

ZEHN der SCHWERTER

PAGE *der* SCHWERTER

RITTER *der* SCHWERTER

KÖNIGIN *der* SCHWERTER

KÖNIG *der* SCHWERTER

ASS *der* MÜNZEN

ZWEI *der* MÜNZEN

DREI *der* MÜNZEN

VIER *der* MÜNZEN

FÜNF *der* MÜNZEN

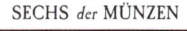

SECHS *der* MÜNZEN

SIEBEN *der* MÜNZEN

ACHT *der* MÜNZEN

NEUN *der* MÜNZEN

ZEHN *der* MÜNZEN

PAGE *der* MÜNZEN

RITTER *der* MÜNZEN

KÖNIGIN *der* MÜNZEN

KÖNIG *der* MÜNZEN

MODERN WITCH
TAROT COLORING BOOK
BY
LISA STERLE

Die Künstlerin

Lisa Sterle ist eine amerikanische Künstlerin, deren Illustrationen in den USA die Cover populärer Comic-Hefte und zahlreicher erfolgreicher Magazine zieren. Ihre Motive sind häufig moderne Frauen aller Länder und Kulturen, die sich mutig und selbstbewusst zeigen. Ihr *Modern Witch Tarot* und das *Modern Witch Tarot Journal* sind internationale Bestseller, beide erschienen auf Deutsch bei Königsfurt-Urania. Sie lebt in Columbus, Ohio.

Entdecke mehr auf www.lisasterle.com

Die Künstlerin Lisa Sterle hat ein außergewöhnliches, sehr modernes Tarot geschaffen: Ihre Figuren sind selbstbewusste, starke und ganz unterschiedliche Frauen aller Kulturen, die stylishe Kleidung tragen, Handys benutzen oder Motorrad fahren. Und doch sind die Motive nach den klassischen Tarotkarten von A.E. Waite gestaltet.

**Lass dich von diesem Tarot inspirieren,
deine innere Weisheit zu finden
und deine Stärken zu leben!**

MODERN WITCH TAROT JOURNAL
254-seitiges, farbiges Journal
mit Anleitungen und Erklärungen
ISBN 978-3-86826-561-3

MODERN WITCH TAROT
78 Karten und 144-seitiges Booklet
mit kraftvoll-modernen Deutungstexten
ISBN 978-3-86826-557-6

KÖNIGSFURT URANIA
www.koenigsfurt-urania.com